KB261281

일본어
말하기 훈련

❖ **저자**

봉영아

- 国際会話センター 卒業
- 한국외국어대학교 교육대학원
- 現)유비컨텐츠 대표
- 韓日言語研究院 専任研究員

- 일본어 뉘앙스 비교사전
- 현지 일본어 회화
- 일본어 실용표현 10000
- 일본어 독해 제대로 끝내기
- 일본어 숙어 표현사전
- 일본어 한자 제대로 끝내기
- 급수별 일본어 단어 끝내기
- 일본어 문법의 벽을 뚫어라

600문장으로 유창해지는
일본어 말하기 훈련

저 자 봉영아

발행인 고본화

발 행 탑메이드북

교재공급처 반석출판사

2017년 8월 5일 초판 2쇄 인쇄

2017년 8월 10일 초판 2쇄 발행

홈페이지 www.bansok.co.kr

이메일 bansok@bansok.co.kr

블로그 blog.naver.com/bansokbooks

157-779 서울시 강서구 양천로 583번지 B동 1007호

  (서울시 강서구 염창동 240-21번지 우림블루나인 비즈니스센터 B동 1007호)

대표전화 02) 2093-3399 **팩 스** 02) 2093-3393

출 판 부 02) 2093-3395 **영업부** 02) 2093-3396

등록번호 제315-2008-000033호

Copyright ⓒ 봉영아

ISBN 978-89-7172-785-0 (13730)

일본어
말하기 훈련

머리말

누구나 일본어 문법과 어휘를 어느 정도 익히고 난 다음, 독해에 자신감이 생기면 비로소 그것을 자유자재로 표현하고자 하는 회화에 대한 욕구를 느끼게 됩니다. 정확한 문형과 패턴을 익히는 것도 중요하지만, 또 하나 놓쳐서는 안 되는 부분은 장면별, 상황별, 주제별로 다양한 표현을 직접 말해보고, 익힌 표현을 언제 어디서나 자유자재로 활용할 수 있는 능력을 기르는 일입니다.

모름지기 회화란 쌍방향 커뮤니케이션과 다양한 상황설정을 기본으로 하는 종합예술이기 때문에 언어의 4기능(듣기, 말하기, 읽기, 쓰기)에 충실하도록 적합한 교재와 학습법을 선택하는 것도 매우 중요하다고 봅니다.

필자가 본서를 집필한 동기는 해마다 일본어 첫걸음 독자가 수없이 양산되고 있음에도 불구하고 초·중급 수준의 일본어를 배우려는 독자층이 현저하게 감소되고 있으며, 또한 일본어 실력도 첫걸음 수준을 벗어나지 못하고 있는 현실적 문제점에서 출발하였습니다. 기획 의도는 독자들에게 핵심적인 필수문형을 철저하게 익히게 함과 동시에 대체연습을 통한 반복적인 말하고 듣기 훈련으로 질의응답의 요령을 길러주는 데 있습니다.

이 책은 장면별, 상황별, 주제별로 일본어 표현을 나누어, 실제로 일상생활에서 겪는 기초적인 회화에서부터 비즈니스나 해외여행에 따라 대두되는 상황이나 장면에 적용할 수 있는 표현 600문형을 수록하였습니다. 총 29개 Unit마다 별도로 제시되는 빈출 핵심 패턴문형, 묻고 답하는 요령에 의한 어휘력과 표현력 확장, 어법적인 부분에서부터 문형변화까지 폭넓게 다루었습니다.

따라서 어떠한 상황에서도 더욱 세련된 회화의 진수를 느끼실 수 있을 것입니다. 네이티브의 발음을 귀로 듣고 직접 본인의 목소리가 들릴 정도로 따라 읽어나가신다면 10배 이상의 문장암기와 표현력 확장 효과를 얻을 수 있다고 확신하는 바입니다. 실전 훈련을 통하여 일본어 회화가 유창하게 몸에 터득될 때까지 반복 숙달 훈련을 거치고 나면 본서가 여러분의 일본어 학습에 소중한 동반자가 되어 있을 것입니다.

아무쪼록 이 책이 나오기까지 물심양면으로 이끌어주신 반석출판사 편집부의 노고에 무한한 고마움을 전하며, 무엇보다 동시통역을 준비하는 제자들에게, 또한 독자 여러분들에게 좋은 길잡이가 되어주길 바라 마지않습니다.

2016년 1월
봉영아

차례

이 책의 구성 및 특징

이 책은 주제별, 상황별, 장면별 일본어 회화를 토대로 기초적인 표현에서부터 각종 질의응답의 요령까지 Basic Expression을 통하여 일본어 회화에 자신감 있게 접근할 수 있도록 구성하였다.

실용 일본어에서 빈출되는 600개의 패턴문형을 중점적으로 반복 훈련하여 일본어 회화를 정복해 보자. 본서의 기획 핵심은 Pattern Drill에 나오는 대체형 반복연습으로 聞取り(청해) 실력을 비약적으로 향상시키는 것과 여기 나오는 다양한 표현을 회화에서 직접 응용할 수 있도록 하는 것이다.

활용에 중점을 둔 표현력 확장 프로그램

- 일본어 회화를 준비하는 초급 및 중급자를 대상으로 기획된 교재

- 효과적이고 체계적인 학습법을 통한 과학적 접근

- 학생, 비즈니스맨, 여행자, 유학생, 이민자들의 필독서

- 네이티브의 발음(pronunciation)이나 억양(Intonation)에 중점을 둔 교재

- 일본어 회화는 물론 일문독해, 일작문에 꼭 필요한 빈출 핵심 600문형 제시

- 청취 정복에 필수적인 반복 연습을 지루하지 않게 하는 구성

- 관광 관련학과나 동시 통역자에게 가장 호평 받는 학습법

Chapter 1

인사하기

만남의 인사는 시간의 흐름에 따라 おはようございます, こんにちは, こんばんは로 구분하여 사용하고, 안부의 인사는 お元気ですか, ご機嫌いかがですか 등이고, 헤어짐의 인사는 では, またね, また明日, 近いうちに会いましょう 등이 있다. 일상적인 인사말 중에 다녀오겠습니다. 다녀오세요의 行って来ます, 行っていらっしゃい와 다녀왔습니다. 어서오세요의 ただいま, お帰りなさい도 익혀두도록 하자. 또한 사람의 호칭에 붙는 ちゃん은 성 뒤에서는 사용할 수 없다.

Basic Expression

001 おはよう。田中(たなか)。
안녕. 다나카.

002 おはようございます。お早(はや)いですね。
안녕하십니까, 일찍 준비하시는군요.

003 こんにちは。鈴木(すずき)さん。
안녕하세요. 스즈키 씨.

004 こんばんは。今(いま)お帰(かえ)りですか。
안녕하세요. 지금 집에 가십니까?

005 佐藤(さとう)さん、ご機嫌(きげん)いかがですか。
사또 씨. 안녕하십니까?

006 おい、君(きみ)。
이봐. 자네.

007 さようなら。お体(からだ)に気(き)をつけて。
안녕히 가세요. 몸조심하세요.

008 じゃ、また明日(あした)。
그럼 내일 또 봐.

009 では、また。
그럼 또 만나요.

010 また、今度(こんど)。
다시 다음에 만나.

011 近(ちか)いうちに会(あ)いましょう。
조만간에 만납시다.

012 じゃ、気(き)をつけて行(い)ってらっしゃい。
그럼, 조심해서 다녀오세요.

013 今日(きょう)は早(はや)いわね。
오늘은 일찍 왔네요.

014 これで失礼(しつれい)します。
이만 실례하겠습니다.

015 休暇(きゅうか)を楽(たの)しんできてね。
휴가를 즐기고 와라.

01 おはよう。
안녕,

田中(たなか)。 다나까.
田中(たなか)さん。 다나까 씨.
田中(たなか)君(くん)。 다나까 군.
清美(きよみ)ちゃん。 기요미야.

*ちゃん은 어린아이나 친근한 사이에서 이름 뒤에 붙이는 애칭이다.

02 おはようございます。
안녕하십니까.

お早(はや)いですね。 일찍 준비하시는군요.
今日(きょう)もいいお天気(てんき)ですね。 오늘도 날씨가 좋네요.
気持(きも)ちいい朝(あさ)ですね。 기분 좋은 아침이군요.
よく眠(ねむ)れましたか。 잘 잤습니까?
ご出勤(しゅっきん)ですか。 출근하십니까?
今日(きょう)はお休(やす)みですか。 오늘은 쉬는 날이세요?

03 こんにちは。
안녕하세요,

鈴木(すずき)さん。 스즈끼 씨.
先生(せんせい)。 선생님.
先輩(せんぱい)。 선배님.
教授(きょうじゅ)。 교수님.

 こんばんは。
안녕하세요.

今(いま)お帰(かえ)りですか。
지금 집에 가십니까?

今日(きょう)はお早(はや)いですね。
오늘은 일찍 들어오시네요.

寒(さむ)いですね。
춥군요.

冷(ひ)えますね。
날씨가 춥네요.

05 佐藤(さとう)さん、
사또 씨.

ご機嫌(きげん)いかがですか。
안녕하십니까?

先生(せんせい)、
선생님,

皆様(みなさま)、
여러분,

06 おい、
이봐.

君(きみ)。
자네.

君(きみ)たち!
자네들!

田中(たなか)!
다나까!

みんな。
여러분.

07 さようなら。
안녕히 가세요.

お体(からだ)に気(き)をつけて。
몸조심하세요.

元気(げんき)でね。
잘 지내요.

お元気(げんき)で。
잘 지내세요.

いずれまた。
조만간에 또 만나요.

*元気(げんき)だ는 '건강하다'는 의미와 '잘 지내다'라는 의미가 있다.

 じゃ、
그럼

また明日(あした)。
내일 또 봐.

また来週(らいしゅう)。
다음 주에 또 만나.

また月曜日(げつようび)。
월요일에 또 만나.

また今夜(こんや)(ね)。
오늘밤에 또 만나.

またね。
또 봐.

月曜日(げつようび)にね。
월요일에 만나.

ここでお別(わか)れですね。
이것으로 이별이군요.

 では、
그럼

また。
또 만나요.

バイバイ
안녕.

いずれ。
조만간에.

次回(じかい)に。
다음번에 만나요.

これで失礼(しつれい)します。
이만 실례하겠습니다.

またお目(め)にかかります。
다시 뵙겠습니다.

またその時(とき)お会(あ)いしましょう。
그 때 다시 만납시다.

そこで会(あ)いましょう。
거기서 만납시다.

10 また、
다시

今度(こんど)。
다음에 만나.

来週(らいしゅう)。
다음주에 만나.

会(あ)いましょう。
봅시다.

いつか会(あ)おうね。
언젠가 만나요.

連絡(れんらく)します。
연락하겠습니다.

いつか会(あ)いましょう。
언젠가 만납시다.

11 近(ちか)いうちに
조만간에

会(あ)いましょう。
만납시다.

連絡(れんらく)します。
연락하겠습니다.

お電話(でんわ)します。
전화하겠습니다.

またお目(め)にかかりましょう。
다시 뵙겠습니다.

ご連絡(れんらく)差(さ)し上(あ)げます。
연락드리겠습니다.

12 じゃ、
그럼,

気(き)をつけて　　行(い)っていらっしゃい。
조심해서　　다녀오세요.

楽(たの)しんで
즐겁게

13 お帰(かえ)りなさい。
어서 오세요.

疲(つか)れたでしょう。
피곤하지요?

大変(たいへん)だったでしょう。
힘들었지요?

今日(きょう)一日(いちにち)どうでしたか。
오늘 하루는 어땠습니까?

今日(きょう)も一日(いちにち)
お疲(つか)れ様(さま)でした。
오늘 하루도 수고하셨습니다.

今日(きょう)はどうだった。
오늘은 어땠어?

お食事(しょくじ)できてますよ。
식사가 준비되어 있어요.

お風呂(ふろ)沸(わ)いてますよ。
목욕물을 받아놓았어요.

先(さき)にお風呂(ふろ)にしますか、
お食事(しょくじ)にしますか。
먼저 씻을래요? 식사할래요?

14 今日(きょう)は
오늘은

早(はや)いわね。
일찍 왔네요.

遅(おそ)かったね。
늦었네요.

15 これで
이만

そろそろ
슬슬

それでは
그럼

お先(さき)に
먼저

失礼(しつれい)します。
실례하겠습니다.

*お先(さき)に失礼(しつれい)します는 '먼저 일어나겠습니다'의 의미도 있다.

16 今日(きょう)は
오늘은

お疲(つか)れさまでした。
수고하셨습니다.

お疲(つか)れさま。
수고했어요.

お疲(つか)れ。
수고했어.

ご苦労(くろう)さま。
수고했어요.

ご苦労(くろう)さん。
수고했어.

疲(つか)れたでしょう。
피곤하지요?

17 お休(やす)み。
잘 자요.

お休(やす)みなさい。
안녕히 주무세요.

*잘 때 건네는 인사말이다.

18 ごゆっくり
편히

ぐっすり
푹

お休(やす)みください。
주무세요.

19 休暇(きゅうか)を
휴가를

思(おも)いっきり
마음껏

楽(たの)しんできてね。
즐기고 와라.

안부 묻기

안부의 인사에는 お元気ですか, お変わりありませんか, いかがお過ごしですか 등이 있다. 개인적인 안부에서부터 건강이나 회사일 등을 묻는 경우에는 궁금한 것을 말한 후에 どうですか, いかがですか를 붙여 묻는다. 元気です, うまくいっています, 無事に過ごしています 등으로 잘 지낸다는 안부를 전하는데 おかげさまで를 앞에 붙이면 상대에 대한 감사를 나타낸다. 안부를 전하고 싶은 사람 뒤에 ~によろしくお伝えください를 붙여 ~에게 안부를 전해주세요라는 표현도 즐겨 사용한다.

Basic Expression

016 田中(たなか)さんの様子(ようす)はどうですか。
다나까 씨 안부는 어떻습니까?

017 最近(さいきん)いかがですか。
최근에 어떠십니까?

018 木村(きむら)さんはお元気(げんき)ですか。
기무라 씨는 잘 지냅니까?

019 ご家族(かぞく)はお変(か)わりありませんか。
가족분들은 별고 없으십니까?

020 おかげさまで、元気(げんき)です。
덕분에 잘 지냅니다.

021 会社(かいしゃ)のほうは、うまくいっています。
회사일은 잘 되고 있습니다.

022 ご主人(しゅじん)もお元気(げんき)ですか。
남편분도 잘 지내십니까?

023 おかげさまで、元気(げんき)です。
덕분에 잘 지냅니다.

024 変(かわ)りなく元気(げんき)でやっております。
변함없이 잘 지내고 있습니다.

025 無事(ぶじ)に過(す)ごしています。
별고 없이 지내고 있습니다.

026 なんとかやっています。
그럭저럭 지내고 있습니다.

027 皆(みな)さまによろしく。
여러분들에게 안부 전해줘요.

028 ご家族(かぞく)によろしくお伝(つた)えください。
가족분들에게 안부를 전해주세요.

029 母(はは)があなたによろしくとのことでした。
엄마가 당신에게 안부 전해달라고 하셨어요.

030 お久(ひさ)しぶりです。どうしてましたか。
오래간만입니다. 뭐하고 지냈습니까?

031 本当(ほんとう)に、お久(ひさ)しぶりですね。
정말로 오래간만이군요.

032 本当(ほんとう)にご無沙汰(ぶさた)しました。
정말로 격조했습니다.

033 ずいぶん立派(りっぱ)になりましたね。
꽤 멋있어졌군요.

034 今日(きょう)は楽(たの)しかったです。
오늘은 즐거웠습니다.

035 向(む)こうに着(つ)いたら、連絡(れんらく)くださいね。
그곳에 도착하면 연락주세요.

01

田中(たなか)さんの様子(ようす)
다나까 씨 안부

田中(たなか)さんの具合(ぐあ)い
다나까 씨 몸 상태

最近(さいきん)調子(ちょうし)
최근 상황

体(からだ)の調子(ちょうし)
몸 상태

会社(かいしゃ)の方(ほう)
회사

気分(きぶん)
기분

はどうですか。
은(는) 어떻습니까?

02

最近(さいきん)
최근에

近(ちか)ごろ
요즘

このごろ
요즘

いかがですか。
어떠십니까?

03 木村(きむら)さんは
기무라 씨는

お元気(げんき)ですか。
잘 지냅니까?

お変(か)わりありませんか。
별고 없으십니까?

うまくいっていますか。
잘 지냅니까?

04

ご家族(かぞく)
가족분들

ご両親(りょうしん)
부모님

お母(かあ)さん
어머님

子供(こども)さんたち
자녀분들

はお変(か)わりありませんか。
은(는) 별고 없으십니까?

05 おかげさまで、
덕분에

> 元気(げんき)です。
> 잘 지냅니다.
>
> 元気(げんき)でやっております。
> 잘 지내고 있습니다.
>
> 元気(げんき)にしております。
> 잘 지내고 있습니다.
>
> うまくいっています。
> 잘 되고 있습니다.
>
> うまくやっております。
> 잘 지내고 있습니다.
>
> なんとかやっています。
> 그럭저럭 지냅니다.
>
> どうにかやっております。
> 그럭저럭 지내고 있습니다.
>
> まあまあです。
> 그저 그렇습니다.
>
> 万事(ばんじ)好調(こうちょう)です。
> 만사 순조롭습니다.

06 会社(かいしゃ)のほうは、　　うまくいっています。
회사일은　　잘 되고 있습니다.

公私(こうし)ともに、
공과 사 모두

おかげさまで、
덕분에

全(すべ)てが
모든 것이

07 ご主人(しゅじん)　　もお元気(げんき)ですか。
남편분　　도 잘 지내십니까?

奥(おく)さん
사모님

ご両親(りょうしん)
부모님

お母(かあ)さん
어머님

子供(こども)さんたち
자녀분들

08 おかげさまで、　元気(げんき)です。
덕분에　잘 지냅니다.

とても
매우

いたって
아주

たいへん
상당히

相変(あいか)わらず
변함없이

09 変(かわ)りなく　元気(げんき)でやっております。
변함없이　잘 지내고 있습니다.

変(かわ)らず
변함없이

おかげさなで
덕분에

ぼちぼち
그럭저럭

なんとか
그럭저럭

10 無事(ぶじ)に　過(す)ごしています。
무사히　지내고 있습니다.

元気(げんき)に
잘

変(かわ)りなく
별고 없이

気楽(きらく)に
편안히

11

なんとか
그럭저럭

どうにか
그럭저럭

うまく
잘

元気(げんき)で
잘

変(かわ)りなく
별고 없이

やっています。
지내고 있습니다.

12

皆(みな)さま
여러분들

奥(おく)さん
사모님

ご主人(しゅじん)
남편

弟(おとうと)
남동생

友達(ともだち)
친구

によろしく。
에게 안부 전해줘요.

13

ご家族(かぞく)
가족분들

ご両親(りょうしん)
부모님

皆様(みなさま)
모두

奥(おく)さん
사모님

お母(かあ)さん
어머님

先生方(せんせいがた)
선생님들

によろしくお伝(つた)えください。
에게 안부를 전해주세요.

14 母(はは)があなたに
엄마가 당신에게

よろしくとのことでした。
안부 전해달라고 하셨어요.

よろしくと言(い)っていました。
안부 전해달라고 하셨어요.

よろしく伝(つた)えるように申(もう)しておりました。
안부 전해달라고 하셨습니다.

15 お久(ひさ)しぶりです。
오래간만입니다.

どうしてましたか。
뭐하고 지냈습니까?

お元気(げんき)ですか。
잘 지냅니까?

お元気(げんき)でしたか。
잘 지냈습니까?

16 本当(ほんとう)に、
정말로

田中(たなか)さん、
다나까 씨,

ずいぶん、
꽤

お久(ひさ)しぶりですね。
오래간만이군요.

17 本当(ほんとう)に
정말로

長(なが)らく、
오랫동안

ご無沙汰(ぶさた)しました。
격조했습니다.

18 ずいぶん
꽤

立派(りっぱ)になりましたね。
멋있어졌군요.

変(かわ)りましたね。
변했네요.

ご無沙汰(ぶさた)しました。
격조했습니다.

19 今日(きょう)は
오늘은

私(わたし)も
나도

お話(はなし)、
이야기가

久(ひさ)しぶりで
오래간만에

久(ひさ)しぶりに
오래간만에

久(ひさ)しぶりに会(あ)えて
오랜만에 만나서

楽(たの)しかったです。
즐거웠습니다.

20 向(む)こうに着(つ)いたら、
그곳에 도착하면

落(お)ち着(つ)いたら、
안정이 되면

何(なに)かあったら、
무슨 일이 있으면

余裕(よゆう)が出来(でき)たら
여유가 생기면

連絡(れんらく)くださいね。
연락주세요.

소개하기

처음 만나는 경우 はじめまして는 일반적으로 누구나 잘 사용하는 표현이다. 보통 그 뒤에 자기소개를 한다. 대답은 どうぞよろしく、どうぞよろしくお願いします를 습관적으로 사용한다. お会いできでうれしいです、お目にかかれてうれしいです 등으로 만남의 기쁨을 전하고, こちらこそ로 자신도 그러함을 강조하여 나타낸다. 타인에게 지인을 소개할 때는 こちら를 사용하여 지칭한다. 또한 구체적인 질문을 할 경우는 失礼ですが를 앞에 넣어 부드럽고 완곡한 회화를 이끈다.

Basic Expression

036 はじめまして。私(わたし)は高橋(たかはし)です。
처음 뵙겠습니다. 저는 다카하시입니다.

037 初(はじ)めまして。どうぞよろしく。
처음 뵙겠습니다. 잘 부탁해요.

038 失礼(しつれい)ですが、お名前(なまえ)は何(なん)とおっしゃいますか。
실례지만, 성함은 어떻게 되십니까?

039 お名前(なまえ)をうかがってもよろしいですか。
성함을 여쭈어도 되겠습니까?

040 お名前(なまえ)は何(なん)ですか。
이름은 뭐라고 합니까?

041 吉田(よしだ)と呼(よ)んでください。
요시다라고 불러주세요.

042 初(はじ)めて聞(き)く名前(なまえ)ですね。
처음 듣는 이름이군요.

043 こちらは友達(ともだち)の田中(たなか)さんです。
이쪽은 친구인 다나까 씨입니다.

044 こちらは、日本語(にほんご)の先生(せんせい)です。
이쪽은 일본어선생님입니다.

045 田中(たなか)は私(わたし)の友達(ともだち)です。
다나까는 제 친구입니다.

046 家内(かない)を紹介(しょうかい)します。
아내를 소개하겠습니다.

047 お目(め)にかかれてうれしいです。
만나 뵙게 되어 반갑습니다.

048 お会(あ)いできてうれしかったです。
만날 수 있어서 반가웠습니다.

049 お目(め)にかかれて光栄(こうえい)です。
만나 뵙게 되어 영광입니다.

050 噂(うわさ)は聞(き)いております。
말씀은 들었습니다.

01 はじめまして。私(わたし)は高橋(たかはし)
처음 뵙겠습니다. 저는 다카하시

です。
입니다.

といいます。
라고 합니다.

と申(もう)します。
라고 합니다.

といいますが。
라고 합니다.

という者(もの)ですが。
라는 사람입니다.

02 初(はじ)めまして。
처음 뵙겠습니다.

どうぞよろしく。
잘 부탁해요.

どうぞよろしくお願(ねが)いします。
잘 부탁드립니다.

佐藤(さとう)です。どうぞよろしく。
사또입니다. 잘 부탁해요.

お会(あ)いできてうれしいです。
만나 뵙게 되어 반갑습니다.

私(わたし)、こういうものです。
저는 이런 사람입니다. (명함을 건네면서)

03 失礼(しつれい)ですが、
실례지만,

お名前(なまえ)は何(なん)とおっしゃいますか。
성함은 어떻게 되십니까?

お名前(なまえ)をうかがってもよろしいですか。
성함을 여쭤어도 되겠습니까?

お名前(なまえ)をうかがいたいですが。
성함을 여쭙고 싶습니다만.

お名前(なまえ)をうかがえますか。
성함을 여쭐 수 있을까요?

どう呼(よ)べばいいですか。
어떻게 부르면 됩니까?

姓(せい)は何(なん)というのですか。
성함은 어떻게 됩니까?

04 お名前(なまえ)を
성함을

うかがってもよろしいですか。
여쭈어도 되겠습니까?

うかがいたいですが。
여쭙고 싶습니다만.

うかがえますか。
여쭈어도 됩니까?

---

05 お名前(なまえ)
이름

名字(みょうじ)
성

氏名(しめい)
이름

ご氏名(しめい)
성함

は何(なん)ですか。
은 뭐라고 합니까?

---

06 吉田(よしだ)と
요시다라고

ニックネームで
별명을

清美(きよみ)と
기요미라고

呼(よ)び捨(す)てで
이름만

呼(よ)んでください。
불러주세요.

---

07 初(はじ)めて聞(き)く
처음 듣는

面白(おもしろ)い
재미있는

珍(めずら)しい
드문

ずいぶん長(なが)い
상당히 긴

名前(なまえ)ですね。
이름이군요.

08 こちらは
이쪽은

| 友達(ともだち) |
| 친구 |
| 上司(じょうし) |
| 상사 |
| 先輩(せんぱい) |
| 선배 |
| 後輩(こうはい) |
| 후배 |

の田中(たなか)さんです。
인 다나까 씨입니다.

09 こちらは
이쪽은

| 友達(ともだち)の田中(たなか) |
| 친구 다나까 |
| 妹(いもうと)の美穂(みほ) |
| 여동생 미호 |
| 友人(ゆうじん)の鈴木(すずき) |
| 친구 스즈끼 |
| 僕(ぼく)の妻(つま) |
| 제 아내 · |
| 小学校(しょうがっこう)からの知(し)り合(あ)い |
| 초등학교부터 아는 친구 |
| 親友(しんゆう)の吉田(よしだ) |
| 베스트프렌드 요시다 |

です。
입니다.

10 こちらは、
이쪽은

| 日本語(にほんご)の先生(せんせい) |
| 일본어선생님 |
| 会社(かいしゃ)の同僚(どうりょう)の田中(たなか) |
| 회사 동료인 다나까 |
| 大学時代(だいがくじだい)の 友人(ゆうじん)の田中(たなか)さん |
| 대학시절 친구인 다나까 |
| 私(わたし)の上司(じょうし)の鈴木(すずき)部長(ぶちょう) |
| 제 상사인 스즈끼부장님 |
| 山本物産(やまもとぶっさん)の 営業部(えいぎょうぶ)の鈴木(すずき)さん |
| 야마모토물산 영업부 스즈끼 씨 |

です。
입니다.

11　田中(たなか)は私(わたし)の　｜ 友達(ともだち) ｜ です。
다나까는 제　　　　친구　　　　입니다.

友人(ゆうじん)
친구

親友(しんゆう)
베스트 프렌드

知(し)り合(あ)い
아는 사람

同僚(どうりょう)
동료

ルームメイト
룸메이트

飲(の)み友達(ともだち)
술친구

12　｜ 家内(かない) ｜ を紹介(しょうかい)します。
　　아내　　을(를) 소개하겠습니다.

妻(つま)
아내

主人(しゅじん)
남편

夫(おっと)
남편

妹(いもうと)
여동생

姪(めい)
조카(여자)

13　｜ お目(め)にかかれて ｜ うれしいです。
　　만나 뵙게 되어　　반갑습니다.

お会(あ)いできて
만나 뵈어

知(し)り合(あ)いになれて
알게 되어

親(した)しくなれて
친해져서

顔見知(かおみし)りになれて
아는 사이가 되어

14 お会(あ)いできて　うれしかったです。
만나서　반가웠습니다.

お目(め)にかかれて
만나 뵙게 되어

15 お目(め)にかかれて　光栄(こうえい)です。
만나 뵙게 되어　영광입니다.

うれしいです。
반갑습니다.

うれしかったです。
반가웠습니다.

16 噂(うわさ)は聞(き)い　ておりました。
말씀은 들　(었)습니다.

ぜひ、お会(あ)いしたいと思(おも)っ
꼭 뵙고 싶다고 생각했

いつもお近(ちか)づきになりたい
と思(おも)っ
항상 친해지고 싶다고 생각했

以前(いぜん)から、
お目(め)にかかりたいと思(おも)っ
전부터 뵙고 싶다고 생각했

お噂(うわさ)はかねがねうかがっ
말씀은 전부터 많이 들

お名前(なまえ)だけは知(し)っ
성함만은 알고 있

お話(はなし)はうかがっ
말씀은 들

시간 표현

시간을 묻고 대답하는 표현은 ですか와 です로 이어지는 회화의 기본이 되는 문형이다. 몇 시 何時, 몇 분 何分, 몇 초 何秒는 정확한 시간을 물을 때 사용하며, 시각의 표현 중 정각은 ちょうど, 반은 半, 전은 前, 지났으면 過ぎ, 경은 ごろ 등으로 나타내기도 한다. 하루의 흐름은 새벽 明け方, 아침 朝, 점심 昼, 저녁 夕方, 밤 夜, 한밤중 夜中 등으로 구체적으로 표현한다. 시간이 '걸리다, 들다'라는 표현에 かかる를 쓴다는 것도 유의하자.

Basic Expression

051 今(いま)一時(いちじ)です。
지금 1시입니다.

052 今(いま)は午前(ごぜん)8時(じ)です。
지금은 오전 8시입니다.

053 八時(はちじ)ちょうどです。
8시 정각입니다.

054 時計(とけい)は五分(ごふん)進(すす)んでいます。
시계는 5분 빠릅니다.

055 いつも朝(あさ)七時(しちじ)ごろ起(お)きます。
항상 아침 7시경에 일어납니다.

056 すみません。十分(じゅっぷん)遅(おく)れそうです。
미안합니다. 10분 늦을 것 같습니다.

057 何時間(なんじかん)ぐらいかかりそうですか。
몇 시간 정도 걸릴 것 같습니까?

058 約束(やくそく)の時間(じかん)を少(すこ)し早(はや)めていただけませんか。
약속시간을 조금 당겨주실 수 없겠습니까?

059 何時(なんじ)に会(あ)いましょうか。
몇 시에 만날까요?

060 朝(あさ)はたいへん忙(いそが)しいです。
아침은 무척 바쁩니다.

061 もう少(すこ)しで終(お)わります。
이제 곧 끝날 겁니다.

062 午前中(ごぜんちゅう)なら大丈夫(だいじょうぶ)です。
오전중이라면 괜찮습니다.

063 それは昔(むかし)のことです。
그것은 옛날 일입니다.

064 初(はじ)めはどうでしたか。
처음은 어땠습니까?

065 五月(ごがつ)の下旬(げじゅん)に出張(しゅっちょう)に行(い)きます。
5월 하순에 출장을 갑니다.

01 今(いま) です。
지금 입니다.

一時(いちじ)
1시

四時(よじ)
4시

十二時(じゅうにじ)
12시

午後(ごご)1時(じ)
오후 1시

午前(ごぜん)2時半(じはん)
오전 2시 반

02 今(いま)は です。
지금은 입니다.

午前(ごぜん)8時(じ)
오전 8시

昼(ひる)の12時(じ)
낮 12시

朝(あさ)の5時(じ)30分(ぷん)
아침 5시30분

夕方(ゆうがた)の5時(じ)20分(ぷん)
저녁 5시20분

夜(よる)の10時(じ)
밤 10시

夜中(よなか)の3時(じ)
한밤중 3시

明(あ)け方(がた)
새벽

03 今(いま) 七時(しちじ)です。
지금은 7시입니다.

ちょうど
정확히

間(ま)もなく
곧

もうすぐ
이제 곧

そろそろ
이제 곧

 八時(はちじ)
8시

ちょうどです。
정각입니다.

半(はん)です。
반입니다.

五分(ごふん)です。
5분입니다.

三十分(さんじゅっぷん)です。
30분입니다.

十分前(じゅっぷんまえ)です。
10분 전입니다.

ごろです。
경입니다.

を過(す)ぎました。
를 지났습니다.

ちょうど過(す)ぎました。
금방 지났습니다.

を5分(ふん)過(す)ぎました。
를 5분 지났습니다.

になります。
가 됩니다.

になったばかりです。
가 막 되었습니다.

05 時計(とけい)は五分(ごふん)
시계는 5분

進(すす)んでいます。
빠릅니다.

遅(おく)れています。
늦습니다.

ピッタリ合(あ)っています。
정확히 맞습니다.

全然(ぜんぜん)合(あ)っていませんね。
전혀 안 맞습니다.

止(と)まっていますね。
멈춰 있군요.

いたって正確(せいかく)です。
아주 정확합니다.

合(あ)っているはずですよ。
분명 맞을 겁니다.

06 いつも朝(あさ) | 七時(しちじ) | ごろ起(お)きます。
항상 아침

- 七時(しちじ) / 7시
- 六時(ろくじ) / 6시
- 八時(はちじ) / 8시
- 七時半(しちじはん) / 7시 반

ごろ起(お)きます。
경에 일어납니다.

07 すみません。 | 十分(じゅっぷん) | 遅(おく)れそうです。
미안합니다.

- 十分(じゅっぷん) / 10분
- 三十分(さんじゅっぷん) / 30분
- 一時間(いちじかん) / 1시간

遅(おく)れそうです。
늦을 것 같습니다.

08 何時間(なんじかん) | ぐらいかかりそうですか。

- 何時間(なんじかん) / 몇 시간
- 何分(なんぷん) / 몇 분
- 何秒(なんびょう) / 몇 초
- 何日(なんにち) / 며칠
- 何ヶ月(なんかげつ) / 몇 개월

ぐらいかかりそうですか。
정도 걸릴 것 같습니까?

09 約束(やくそく)の時間(じかん)を少(すこ)し | 早(はや)めて | いただけませんか。
약속시간을 조금

- 早(はや)めて / 당겨
- 遅(おく)らせて / 늦춰
- 繰(く)り上(あ)げて / 앞당겨
- 引(ひ)き上(あ)げて / 늘려

いただけませんか。
주실 수 없겠습니까?

10 何時(なんじ)に　　会(あ)いましょうか。
몇 시에　　만날까요?

何分(なんぶん)に
몇 분

いつ
언제

いつごろ
언제쯤

11 朝(あさ)　　はたいへん忙(いそが)しいです。
아침　　은(는) 무척 바쁩니다.

昼(ひる)
점심

夕方(ゆうがた)
저녁

夜(よる)
밤

夜中(よなか)
한밤중

今朝(けさ)
오늘 아침

12 もう少(すこ)しで　　終(お)わります。
이제 곧　　끝날 겁니다.

10分後(ぶんご)に
10분 뒤에

間(ま)もなく
머지않아

もうすぐ
금방

近(ちか)いうちに
조만간에

いずれ
조만간에

遅(おそ)かれ早(はや)かれ
조만간에

13

午前中（ごぜんちゅう）
오전중

午後（ごご）
오후

夕方（ゆうがた）
저녁

七時（しちじ）以後（いご）
7시 이후

なら大丈夫（だいじょうぶ）です。
(이)라면 괜찮습니다.

---

14 それは
그것은

昔（むかし）の
옛날

未来（みらい）の
미래

将来（しょうらい）の
장래

過去（かこ）の
과거

現在（げんざい）の
현재

過（す）ぎた
지난

ことです。
일입니다.

15

初（はじ）め
처음

終（お）わり
마지막

最初（さいしょ）
맨처음

最後（さいご）
마지막

最終（さいしゅう）
마지막

はどうでしたか。
은(는) 어땠습니까?

16 五月(ごがつ)の ［下旬(げじゅん) / 始(はじ)め / 中旬(ちゅうじゅん) / 終(お)わり / 末(まつ) / 初旬(しょじゅん) / 上旬(じょうじゅん)］ に出張(しゅっちょう)に行(い)きます。

5월 ［하순 / 초 / 중순 / 말 / 말 / 초순 / 상순］에 출장을 갑니다.

날짜 표현

시간을 묻는 표현과 마찬가지로 날짜표현도 ですか와 です로 이어지는 회화의 기본이 된다. 요일표현인 月曜日 부터 日曜日까지, 월을 나타내는 표현인 一月부터 十二月까지, 년도를 나타내는 표현인 年을 잘 익혀두자. 특히 연도의 경우 일본 연호로 大正, 昭和, 平成를 주로 사용하니 서기연도와 비교하여 익혀야 한다. 주를 나타내는 週, 달의 月 앞에 先々, 先, 今, 来, 再来를 붙여 지지난, 지난, 이번, 다음, 다다음을 표현하기도 한다.

Basic Expression

066 今日(きょう)は何日(なんにち)ですか。
오늘은 며칠입니까?

067 今日(きょう)は三月(さんがつ)一日(ついたち)です。
오늘은 3월 1일입니다.

068 誕生日(たんじょうび)はいつですか。
생일은 언제입니까?

069 誕生日(たんじょうび)は三月(さんがつ)十八日(じゅうはちにち)です。
생일은 3월 18일입니다.

070 今日(きょう)は月曜日(げつようび)です。
오늘은 월요일입니다.

071 今年(ことし)は平成(へいせい)18年(ねん)です。
올해는 헤세 18년(2006년)입니다.

072 明後日(あさって)までには帰(かえ)ってきます。
모레까지는 돌아오겠습니다.

073 あの事件(じけん)は昭和(しょうわ)55年(ねん)に起(お)きました。
그 사건은 쇼와 55년(1980년)에 일어났습니다.

074 昨日(きのう)は休(やす)みの日(ひ)でした。
어제는 휴일이었습니다.

075 今日(きょう)はお正月(しょうがつ)です。
오늘은 신정입니다.

076 今週(こんしゅう)の水曜日(すいようび)に会(あ)いましょう。
이번 주 수요일에 만납시다.

077 今月(こんげつ)引(ひ)っ越(こ)しすることになりました。
이번 달에 이사하게 되었습니다.

078 先週(せんしゅう)会社(かいしゃ)をやめました。
지난주에 회사를 그만두었습니다.

079 作業(さぎょう)は一日(いちにち)ぐらいかかります。
작업은 하루 정도 걸립니다.

080 日程(にってい)は二泊(にはく)三日(みっか)です。
일정은 2박 3일입니다.

01 今日(きょう)は

今日(きょう)は
오늘은

何日(なんにち)	ですか。
며칠	입니까?
何月(なんがつ)	
몇 월	
何曜日(なんようび)	
무슨 요일	

02 今日(きょう)は
오늘은

三月(さんがつ)一日(ついたち)	です。
3월 1일	입니다.
四月(しがつ)七日(なのか)	
4월 7일	
六月(ろくがつ)十四日(じゅうよっか)	
6월 14일	

03 誕生日(たんじょうび)は
생일은

いつ	ですか。
언제	입니까?
何曜日(なんようび)	
무슨 요일	
何月(なんがつ)	
몇 월	
何日(なんにち)	
며칠	
いつごろ	
언제쯤	

04 誕生日(たんじょうび)は
생일은

三月(さんがつ)十八日(じゅうはちにち)	です。
3월 18일	입니다.
八月(はちがつ)八日(ようか)	
8월 8일	
一月(いちがつ)二十四日(にじゅうよっか)	
1월 24일	
十月(じゅうがつ)二日(ふつか)	
10월 2일	

05 今日(きょう)は 月曜日(げつようび) です。
오늘은 　月曜日 월요일 　입니다.

日曜日(にちようび)
일요일

土曜日(どようび)
토요일

木曜日(もくようび)
목요일

06 昨日(きのう)は 火曜日(かようび) でした。
어제는 　목요일 　이었습니다.

水曜日(すいようび)
수요일

金曜日(きんようび)
금요일

日曜日(にちようび)
일요일

休(やす)み
휴일

07 今年(ことし)は 平成(へいせい)18年(ねん) です。
올해는 　헤세 18년 　입니다.

2006年(ねん)
2006년

08 明後日(あさって) までには 帰(かえ)ってきます。
모레 　까지는 돌아오겠습니다.

今週(こんしゅう)の 木曜日(もくようび)
이번 주 목요일

土曜日(どようび)
토요일

明日(あした)の 午前(ごぜん)
내일 오전

来週(らいしゅう)
다음주

09 あの**事件**(じけん)は

그 사건은

昭和(しょうわ)**55年**(ねん) 쇼와 55년
平成(へいせい)**2年**(ねん) 헤세 2년
1985年(ねん) 1985년
大正(たいしょう)**8年**(ねん) 타이쇼 8년
西暦(せいれき)**1850年**(ねん) 서기 1850년

に**起**(お)きました。

에 일어났습니다.

10 **昨日**(きのう)は

어제는

休(やす)みの**日**(ひ) 휴일
子供(こども)の**日**(ひ) 어린이날
母(はは)の**日**(ひ) 어머니날
父(ちち)の**日**(ひ) 아버지날
誕生日(たんじょうび) 생일
海(うみ)の**日**(ひ) 해양의 날
振(ふ)り**替**(か)え**休日**(きゅうじつ) 대체휴일
敬老(けいろう)の**日**(ひ) 노인의 날
結婚記念日(けっこんきねんび) 결혼기념일

でした。

이었습니다.

11 今日(きょう)は
오늘은

お正月(しょうがつ) 신정	です。 입니다.
七夕(たなばた) 칠석	
端午(たんご)の節句(せっく) 단오	
お盆(ぼん) 오봉(일본 추석)	
大(おお)みそか 섣달그믐	
冬至(とうじ) 동지	
夏至(げし) 하지	
春分(しゅんぶん)の日(ひ) 춘분	
秋分(しゅうぶん)の日(ひ) 추분	

12

今週(こんしゅう)の水曜日(すいようび) 이번 주 수요일	に会(あ)いましょう。 에 만납시다.
来週(らいしゅう)の金曜日(きんようび) 다음주 금요일	
再来週(さらいしゅう)の月曜日(げつようび) 다다음주 월요일	
週末(しゅうまつ) 주말	
週明(しゅうあ)け 주초	
来週(らいしゅう)の中旬(ちゅうじゅん) 다음달 중순	

13 今月(こんげつ) 引(ひ)っ越(こ)しすることになりました。
이번 달에 이사하게 되었습니다.

来月(らいげつ)
다음달에

再来月(さらいげつ)
다다음달에

来週(らいしゅう)
다음주에

再来週(さらいしゅう)
다다음주에

来年(らいねん)
내년에

14 先週(せんしゅう) 会社(かいしゃ)をやめました。
지난주에 회사를 그만두었습니다.

先々週(せんせんしゅう)
지지난주에

昨日(きのう)
어제

一昨日(おととい)
그저께

先月(せんげつ)
지난달에

去年(きょねん)
작년에

15 作業(さぎょう)は 一日(いちにち) ぐらいかかります。
작업은 하루 정도 걸립니다.

二三日(にさんにち)
2, 3일

一週間(いっしゅうかん)
1주일

一ヶ月(いっかげつ)
1개월

二日(ふつか)
이틀

16　日程(にってい)は
일정은

二泊(にはく)三日(みっか)
2박 3일

三泊(さんぱく)四日(よっか)
3박 4일

四泊(よんぱく)五日(いつか)
4박 5일

二日間(ふつかかん)
이틀

二週間(にしゅうかん)
2주일

です。
입니다.

二泊(にはく)三日(みっか)
2박 3일

三泊(さんぱく)四日(よっか)
3박 4일

四泊(よんぱく)五日(いつか)
4박 5일

감사 표현

일본인의 언어습관 중에 고마움, 감사의 표시를 일상적으로 자주 하는데 ありがとうございます, すみません, どうも 등을 즐겨 사용한다. 또한 どうも, 本当に, とても를 앞에 붙여 감사의 정도를 강조하기도 한다. 고마운 일을 겪었을 때는 시간이 지났더라도 반드시 감사를 전하는 습관이 있으며 구체적으로 감사한 일, 시점을 말한 후에 뒤이어 ありがとうございました로 말하는 것이 예의이다. 感謝しています, 助かりました, 役に立ちました 등으로 고마운 마음을 전하기도 한다.

Basic Expression

081 どうもありがとうございます。
매우 감사합니다.

082 遠(とお)いところ、わざわざありがとうございます。
먼 곳까지 일부러 와주셔서 감사합니다.

083 ご親切(しんせつ)にしてくださり、ありがとうございます。
친절하게 대해주셔서 감사합니다.

084 今日(きょう)はありがとうございました。
오늘은 고마웠습니다.

085 手伝(てつだ)ってくださって、本当(ほんとう)にありがとうございました。
도와주셔서 정말로 고마웠습니다.

086 ありがとう。お願(ねが)いします。
고마워요. 부탁합니다.

087 招待(しょうたい)してくれてありがとう。
초대해 주어서 고마워요.

088 電話(でんわ)、ありがとう。
전화 고마워.

089 わざわざ来(き)てくれてありがとう。
일부러 와줘서 고마워.

090 ありがとう。これ何(なん)ですか。
고마워요. 이거 무엇입니까?

091 いろいろお世話(せわ)になりました。
여러 가지로 신세를 졌습니다.

092 いつも感謝(かんしゃ)しています。
항상 감사하고 있습니다.

093 いつもお世話(せわ)になっております。
항상 신세지고 있습니다.

094 ずいぶん助(たす)かりました。
상당히 도움이 되었습니다.

095 全(すべ)てが皆(みな)さんのおかげです。
모든 것이 여러분 덕분입니다.

096 皆(みな)さんが協力(きょうりょく)してくださったからです。
여러분이 협력해 주신 덕분입니다.

097 今日(きょう)の光栄(こうえい)は、あなたのおかげです。
오늘의 영광은 당신 덕분입니다.

098 何(なん)とお礼(れい)を言(い)ったらいいかわかりません。
뭐라고 감사의 말을 해야 좋을지 모르겠습니다.

　리듬에 맞춰 따라 말해보세요.

01

どうも　　　　　　　　　ありがとうございます。
매우　　　　　　　　　　감사합니다.

本当(ほんとう)に
정말로

誠(まこと)に
정말로

とても
매우

いつも
항상

こちらこそ
저야말로

わざわざ
일부러

ご好意(こうい)
호의에

ご親切(しんせつ)にどうも
친절하심에 매우

*가게에서는 종업원이 毎度(まいど)ありがとうございます라고 한다.

02

遠(とお)いところ、　　　　　わざわざありがとうございます。
먼 곳까지　　　　　　　　　일부러 와주셔서 감사합니다.

お忙(いそが)しいところ、
바쁘신 데

03

ご親切(しんせつ)にしてくださり、　　　ありがとうございます。
친절하게 대해주셔서　　　　　　　　감사합니다.

お力(ちから)を貸(か)していただき、
힘을 빌려주셔서

いろいろと気(き)を遣(つか)ってくださり、
여러 가지로 신경을 써주셔서

ご招待(しょうたい)してくださり
초대해 주셔서

47

ご招待(しょうたい)いただき、
초대해 주셔서

お越(こ)しいただき、
와주셔서

お招(まね)きいただき、
불러주셔서

助(たす)けてくださって、
도움을 주셔서

お出(い)でくださり、
와주셔서

ここまでお心遣(こころづかい)いただき、
이렇게까지 신경을 써 주셔서

わざわざ時間(じかん)を割(さ)いてくださり、
일부러 시간을 내주셔서

いつも親身(しんみ)になってくださり、
항상 부모님처럼 돌봐주셔서

ありがとうございます。
감사합니다.

04 今日(きょう)は
오늘은

昨日(きのう)は
어제는

この前(まえ)は
요전에는

この間(あいだ)は
일전에는

先日(せんじつ)は
일전에는

今(いま)まで
지금까지

本当(ほんとう)に
정말로

いろいろと
여러 가지로

今年(ことし)一年(いちねん)
올 1년

ありがとうございました。
고마웠습니다.

05 手伝(てつだ)ってくださって、 本当(ほんとう)にありがとうございました。
도와주셔서 정말로 고마웠습니다.

貸(か)してくださって、
빌려주셔서

いろいろ助(たす)けてくださり、
여러 가지로 도움을 주셔서

お越(こ)しいただいて、
찾아와주셔서

いろいろとごちそうを
準備(じゅんび)していただいて
여러 가지로 맛있는 음식을
준비해주셔서

06 ありがとう。
고마워요.

お願(ねが)いします。
부탁합니다.

頑張(がんば)ります。
힘내겠습니다.

頑張(がんば)ってみます。
노력해 보겠습니다.

元気(げんき)が出(で)てきました。
힘이 났습니다.

役(やく)に立(た)ちました。
도움이 되었습니다.

助(たす)かりました。
도움이 되었습니다.

こんな高(たか)い物(もの)もいただいて。
이런 비싼 물건을 받아서요.

私(わたし)は何(なに)もしていないのに。
나는 아무것도 하지 않았는데.

そんなことしなくてもよかったのに。
그런 것 하지 않아도 괜찮은데,

うかがわせていただきます。
찾아뵙겠습니다.

49

07
招待(しょうたい)してくれて
초대해 주어서

気(き)を使(つか)ってくれて
신경을 써주니

招(まね)いてくれて
불러주어서

誕生日(たんじょうび)パーティーに
呼(よ)んでくれて
생일파티에 불러줘서

まあ、本当(ほんとう)に
어머, 정말로

ありがとう。
고마워요.

＊誕生日(たんじょうび)パーティーは 誕生日会(たんじょうびかい)라고도 한다.

08
電話(でんわ)、
전화

イーメール、
이메일

手紙(てがみ)、
편지

いい知(し)らせ、
좋은 소식

報告(ほうこく)
보고

ありがとう。
고마워.

09 わざわざ
일부러

来(き)て
와

電話(でんわ)して
전화해

買(か)ってきて
사와

作(つく)って
만들어

寄(よ)って
들러

話(はな)して
얘기해

くれてありがとう。
줘서 고마워.

10 ありがとう。
고마워요.

これ何（なん）ですか。
이거 무엇입니까?

開（あ）けてもいいですか。
열어봐도 됩니까?

前（まえ）からほしいと思（おも）っていたんです。
전부터 갖고 싶다고 생각했습니다.

いただいてもいいんですか。
받아도 됩니까?

こんな高（たか）い物（もの）いただいて。
이렇게 비싼 물건을 주셔서.

私（わたし）は何（なに）もしていないのに。
저는 아무것도 드리지 못했는데.

買（か）おうと思（おも）っていたんです。
살려고 생각했었습니다.

11 いろいろ
여러 가지로

たいへん
매우

今（いま）まで、
지금까지

今年（ことし）も
올해도

お世話（せわ）になりました。
신세를 졌습니다.

12 いつも
항상

心（こころ）から
진심으로

お心遣（こころづか）い、とても
신경을 써 주심에 매우

ご親切（しんせつ）に本当（ほんとう）に
친절하심에 정말로

感謝（かんしゃ）しています。
감사하고 있습니다.

13

いつも
항상

息子(むすこ)が
아들이

母(はは)が
어머니가

お世話(せわ)になっております。
신세지고 있습니다.

14

ずいぶん
상당히

とても
매우

たいへん
무척

じゅうぶん
충분히

助(たす)かりました。
도움이 되었습니다.

15 全(すべ)てが
모든 것이

皆(みな)さんの
여러분

田中(たなか)さんの
다나까 씨

あなたの
당신

お父(とう)さんの
아버지

おかげです。
덕분입니다.

16 皆(みな)さんが
여러분이

協力(きょうりょく)して
협력해

励(はげ)まして
격려해

応援(おうえん)して
응원해

助(たす)けて
도와

くださったからです。
주셨기 때문입니다.

17 今日(きょう)の
오늘의

| 光栄(こうえい) |
| 영광 |
| 優勝(ゆうしょう) |
| 우승 |
| 勝利(しょうり) |
| 승리 |
| 成果(せいか) |
| 성과 |
| 受賞(じゅしょう) |
| 수상 |

は、あなたのおかげです。
은(는) 당신 덕분입니다.

18 何(なん)とお礼(れい)を
뭐라고 감사의 말을

| 言(い)ったらいいかわかりません。 |
| 하면 좋을지 모르겠어요. |
| 言(い)ったらいいでしょうか。 |
| 해야 좋을까요. |
| 言(い)えばいいでしょう。 |
| 하면 좋을까요. |

사과 표현

감사 표현과 마찬가지로 사과 표현도 일본인들은 일상적으로 자주 한다. 신체를 약간 닿거나 조금 실례되는 일에도 폐를 끼친다고 생각하여 すみません을 연달아 말한다. 여성들이 즐겨 쓰고 스스럼없는 표현으로는 ごめんなさい, 남성들은 失礼しました 격식을 차려 申し訳ありません, 申し訳ございません으로도 사과하며 친한 사이에는 ごめん, ごねんね, すまん, すまない으로 사용한다. 참고로 どうも와 すみません은 고마움과 미안함을 둘 다 포함하는 표현이니 두루두루 잘 사용하도록 하자.

Basic Expression

099 本当(ほんとう)にすみません。
정말로 미안합니다.

100 すみません。私(わたし)のせいです。
미안합니다. 제 탓입니다.

101 遅(おく)れてすみません。
늦어서 죄송합니다.

102 ごめん。悪(わる)いけど。
미안. 미안하지만.

103 ごめんなさい。間違(まちが)えました。
미안합니다. 잘못 봤습니다.

104 お待(ま)たせしてごめんなさい。
기다리게 해서 미안해요.

105 ご迷惑(めいわく)をおかけして、申(もう)し訳(わけ)ありません。
폐를 끼쳐서 죄송합니다.

106 お伺(うかが)いできなくて、申(もう)し訳(わけ)ありません。
찾아뵙지 못해서 죄송합니다.

107 私(わたし)が悪(わる)いんです。
제가 잘못했습니다.

108 私(わたし)どもの手違(てちが)いでした。
저의 실수였습니다.

109 お待(ま)たせしてごめんなさい。
기다리게 해서 미안해요.

110 これから、気(き)をつけます。
앞으로 주의하겠습니다.

111 遅(おく)れてすみません。タクシーがなかなか拾(ひろ)えなくて。
늦어서 미안합니다. 택시가 좀처럼 안 잡혀서요.

112 気(き)まぐれですみませんでした。
변덕을 부려서 죄송했습니다.

113 二度(にど)と間違(まちが)いをしないようにします。
두 번 다시 잘못을 하지 않도록 하겠습니다.

01

本当(ほんとう)に
정말로

どうも
매우

すみません。
미안합니다.

---

02 すみません。
미안합니다.

私(わたし)のせいです。
제 탓입니다.

私(わたし)が悪(わる)かったです。
제가 잘못했습니다.

私(わたし)の不注意(ふちゅうい)でした。
저의 부주의였습니다.

私(わたし)が勘違(かんちが)いをしていました。
제가 착각을 했습니다.

うっかりしていました。
깜박 잊었습니다.

忘(わす)れていました。
잊고 있었습니다.

思(おも)い出(だ)せないんです。
생각이 안 납니다.

行(い)けなくなりました。
못 가게 되었습니다.

出来(でき)ません。
할 수 없습니다.

弁償(べんしょう)します。
변상하겠습니다.

あなたが正(ただ)しかったです。
당신이 옳았습니다.

つい腹(はら)が立(た)ってしまって。
그만 화가 나서.

あの時(とき)はやむを得(え)ませんでした。
그때는 어쩔 수 없었습니다.

あの時(とき)は仕方(しかた)がなかったのです。
그때는 어쩔 수 없었습니다.

遅(おく)れて
늦어서

すみません。
죄송합니다.

前(まえ)もって連絡(れんらく)できなくて
미리 연락하지 못해서

ご面倒(めんどう)をおかけして
폐를 끼쳐서

お忙(いそが)しいところ
바쁘신 데

私(わたし)のせいで、叱(しか)られてしまって
저 때문에 야단을 맞아서

壊(こわ)してしまって
깨뜨려서

04 ごめん。
미안.

悪(わる)いけど。
미안하지만.

今日(きょう)はちょっと。
오늘은 좀 곤란해요.

またにするよ。
다음에 갈게(할게).

寝坊(ねぼう)しちゃった。
늦잠을 자버렸어.

遅(おく)れちゃって。
늦어서.

誰(だれ)だっけ。
누구더라.

ずいぶん待(ま)った？
꽤 기다렸어?

ずっと待(ま)ってた?
계속 기다렸어?

どのくらい待(ま)った?
얼마나 기다렸어?

05 ごめんなさい。
미안합니다.

間違(まちが)えました。
잘못 봤습니다.

私(わたし)の勘違(かんちが)いでした。
저의 착각이었습니다.

うっかり忘(わす)れていました。
깜박 잊고 있었습니다.

覚(おぼ)えていません。
기억하고 있지 않습니다.

二度(にど)としません。
두 번 다시 하지 않겠습니다.

これから気(き)をつけます。
앞으로 주의하겠습니다.

悪気(わるぎ)はなかったんです。
나쁜 뜻은 없었습니다.

つい頭(あたま)に来(き)たものですから。
그만 화가 나서요.

ついかっと来(き)てしまって。
그만 화가 나서.

つい頭(あたま)に来(き)て。
그만 화가 나서.

真剣(しんけん)さが足(た)りませんでした。
신중함이 부족했습니다.

お詫(わ)びのしようがありません。
뭐라 사죄해야 할지 모르겠습니다.

06 お待(ま)たせして
기다리게 해서

遅(おそ)くなって
늦어져서

黙(だま)っていて
말을 안 해서

あんなことを言(い)って、
그런 말을 해서

私(わたし)の方(ほう)こそ
제가 오히려

私(わたし)のせいで、
저 때문에

ごめんなさい。
미안해요.

07 ご迷惑(めいわく)をおかけして、　　申(もう)し訳(わけ)ありません。
폐를 끼쳐서　　죄송합니다.

ご心配(しんぱい)をおかけしまして、
걱정을 끼쳐서

ご苦労(くろう)をおかけして、
고생을 시켜서

お手間(てま)を取(と)らせて、
수고를 끼치게 해서

返事(へんじ)が遅(おそ)くなって、
대답이 늦어져서

お待(ま)たせしまして、
기다리게 해서

長(なが)らくお待(ま)たせして、
오랫동안 기다리게 해서

いきなりお伺(うかが)いして、
갑자기 찾아뵈어

08 お伺(うかが)いできなくて、　　申(もう)し訳(わけ)ありません。
찾아뵙지 못해서　　죄송합니다.

ご連絡(れんらく)できなくて、
연락드리지 못해서

返事(へんじ)できなくて、
답변 못해서

ぶしつけなお願(ねが)いで、
무례한 부탁이어서

返事(へんじ)差(さ)し上(あ)げられなくて、
답변해 드리지 못해서

09 私(わたし)が　　悪(わる)いんです。
제가　　잘못했습니다.

いけなかったんです。
잘못했습니다.

勘違(かんちが)いをしていました。
착각을 했습니다.

10 私(わたし)どもの
저희의

手違(てちが)い
실수

間違(まちが)い
실수

過(あやま)ち
잘못

ミス
실수

でした。
(이)였(었)습니다.

11 お待(ま)たせして
기다리게 해서

ごめんなさい。
미안해요.

すみません。
미안합니다.

すみませんでした。
미안했습니다.

申(もう)し訳(わけ)ありません。
죄송합니다.

申(もう)し訳(わけ)ありませんでした。
죄송했습니다.

12 これから、
앞으로

今後(こんご)
앞으로

次回(じかい)から、
다음부터

今(いま)から
지금부터

気(き)をつけます。
주의하겠습니다.

13 遅(おく)れてすみません。
늦어서 미안합니다.

タクシーがなかなか拾(ひろ)えなくて。
택시가 좀처럼 안 잡혀서요.

代(か)わりに一杯(いっぱい)おごります。
대신 술 한 턱 내겠습니다.

事故(じこ)がありました。
사고가 있었습니다.

これから気(き)をつけます。
앞으로 주의하겠습니다.

14 気(き)まぐれで
변덕을 부려서

わがままで
버릇없어서

勝手(かって)で
제멋대로여서

自分勝手(じぶんがって)で
제멋대로여서

我(が)が強(つよ)くて
고집이 세서

心配(しんぱい)かけて
걱정을 끼쳐서

手間(てま)をかけて
수고를 끼쳐서

すみませんでした。
죄송했습니다.

15 二度(にど)と
두 번 다시

このような
이러한

これから
지금부터

絶対(ぜったい)に
절대로

もう二度(にど)と
이제 두 번 다시

間違(まちが)いをしないようにします。
잘못을 하지 않도록 하겠습니다.

축하 표현

특정한 날을 맞이하거나 좋은 일, 바람직한 성과를 맞이했을 때 おめでとうございます와 おめでとうございました로 축하를 전한다. 격식을 차린 표현으로는 お祝い申し上げます, 心からお祝い申し上げます 등이 있고, 격이 없는 표현에 おめでとう가 있다. 일상적인 축하표현 외에 새해가 되기 전에 우리말의 '좋은 새해를 맞이하세요'라는 의미인 良いお年を와 새해가 되어 '새해 복 많이 받으세요'라는 의미인 明けましておめでとうございます가 축하표현이다.

Basic Expression

114 昇進(しょうしん)、おめでとうございます。
승진을 축하합니다.

115 明(あ)けましておめでとうございます。
새해 복 많이 받으세요.

116 ご就職(しゅうしょく)おめでとうございます。
취직을 축하드립니다.

117 お誕生日(たんじょうび)、おめでとう。
생일을 축하해요.

118 ご成功(せいこう)をお祝(いわ)い申(もう)し上(あ)げます。
성공을 축하드립니다.

119 ご開店(かいてん)を心(こころ)からお祝(いわ)い申(もう)し上(あ)げます。
개점을 진심으로 축하드립니다.

120 ご幸運(こううん)をお祈(いの)りします。
행운을 빌겠습니다.

01
昇進(しょうしん)、
승진을
合格(ごうかく)
합격을
入学(にゅうがく)
입학을
卒業(そつぎょう)
졸업을
入賞(にゅうしょう)
입상을
受賞(じゅしょう)
수상을

おめでとうございます。
축하합니다.

02
明(あ)けまして
새해
新年(しんねん)
새해

おめでとうございます。
복 많이 받으세요.

03
ご就職(しゅうしょく)
취직을
ご結婚(けっこん)
결혼을
ご婚約(こんやく)
약혼을
ご昇進(しょうしん)
승진을
ご出産(しゅっさん)
출산을
優勝(ゆうしょう)
우승을
お誕生日(たんじょうび)
생신을
ご還暦(かんれき)
환갑을
ご全快(ぜんかい)
쾌차를

おめでとうございます。
축하드립니다.

04
お誕生日(たんじょうび)、
생일을

入社(にゅうしゃ)、
입사를

入学(にゅうがく)、
입학을

合格(ごうかく)、
합격을

おめでとう。
축하해요.

05
ご成功(せいこう)を
성공을

還暦(かんれき)を
회갑을

古希(こき)を
고희를

ご栄転(えいてん)
영전을

ご開店(かいてん)
개점을

心(こころ)から
진심으로

お祝(いわ)い申(もう)し上(あ)げます。
축하드립니다.

06
ご開店(かいてん)を
개점을

全快(ぜんかい)
쾌차하심을

卒業(そつぎょう)
졸업을

一位入賞(いちいにゅうしょう)を
1위 입상을

心(こころ)からお祝(いわ)い申(もう)し上(あ)げます。
진심으로 축하드립니다.

07

ご幸運(こううん)
행운

ご成功(せいこう)
성공

ご健康(けんこう)
건강

これからのご成功(せいこう)
앞으로의 성공

ますますのご発展(はってん)
무궁한 발전

ますますのご健勝(けんしょう)を
무궁한 건승

ますますの健闘(けんとう)を
무궁한 건투

をお祈(いの)りします。
을(를) 빌겠습니다.

감정 표현

기쁨과 슬픔, 즐거움과 괴로움, 감탄과 칭찬, 놀라움과 두려움 등 감정을 나타내는 표현으로 의사전달 외에도 자연스럽고 풍부한 감정과 기분을 전달하는 역할을 한다. 참고로 일본인들은 대개 사소한 것에도 칭찬과 고마움과 미안함의 표현을 아끼지 않는 반면, 싫다는 감정이나 거부하는 표현을 자제하고, 희로애락의 표현을 절제하려는 언어습관이 있다. 생생한 회화와 적절한 맞장구를 위해서 양국의 감정표현의 차이점도 잘 익히도록 하자.

Basic Expression

121 悲(かな)しいなあ。
슬프구나.

122 素敵(すてき)ですね。
멋지군요.

123 気分(きぶん)は最高(さいこう)です。
기분은 최고입니다.

124 最高(さいこう)の気分(きぶん)です。
최상의 기분입니다.

125 朝(あさ)から、気分(きぶん)が悪(わる)いんです。
아침부터 컨디션이 나쁩니다.

126 気分(きぶん)が晴(は)れません。
기분이 안 좋습니다.

127 お言葉(ことば)だけでもうれしいです。
말씀만이라도 기쁩니다.

128 そんなことを言(い)っていただいてうれしいです。
그런 말을 해주시니 기쁩니다.

129 うれしくて涙(なみだ)が出(で)てきそうです。
기뻐서 눈물이 나올 것 같습니다.

130 お会(あ)いできてうれしかったです。
만날 수 있어서 반가웠습니다.

131 今日(きょう)は楽(たの)しかったです。
오늘은 즐거웠습니다.

132 お目(め)にかかれて光栄(こうえい)です。
만나 뵙게 되어 영광입니다.

133 本当(ほんとう)? 意外(いがい)だったよ。
정말이니? 의외였어.

134 息子(むすこ)のことが心配(しんぱい)です。
아들이 걱정입니다.

135 心配(しんぱい)ですね。
걱정이군요.

136 仕事(しごと)のことが気掛(きが)かりです。
업무가 걱정입니다.

137 今日(きょう)はなんだか不安(ふぁん)です。
오늘은 왠지 불안합니다.

138 悲(かな)しくて泣(な)きたいです。
슬퍼서 울고 싶습니다.

139 怖(こわ)くて鳥肌(とりはだ)が立(た)ちました。
무서워서 닭살이 돋았습니다.

140 びっくりしたじゃない!
놀랐잖아!

141 ああ、よかった。
아, 잘됐다.

 리듬에 맞춰 따라 말해보세요.

01

悲(かな)しい　なあ。
슬프　구나.

むなしい
허무하

ゆううつだ
우울하

寂(さび)しい
쓸쓸하

難(むずか)しい
어렵

羨(うらや)ましい
부럽

恥(は)ずかしい
부끄럽

かわいそうだ
불쌍하

いい
좋

02

素敵(すてき)　ですね。
멋지　군요.

すごい
굉장하

さすが
역시 대단하

素晴(すば)らしい
정말로 훌륭하

最高(さいこう)
최고로

立派(りっぱ)
훌륭하

03 気分(きぶん)は
기분은

最高(さいこう)です。
최고입니다.

とてもいいです。
매우 좋습니다.

まあまあです。
그저 그렇습니다.

普通(ふつう)です。
보통입니다.

悪(わる)くはありません。
나쁘지는 않습니다.

あまりよくありません。
별로 좋지 않습니다.

ぜんぜんよくありません。
전혀 안 좋습니다.

最低(さいてい)です。
최악입니다.

最悪(さいあく)です。
최악입니다.

04 最高(さいこう)の
최상의

爽(さわ)やかな
상쾌한

鮮(あざ)やかな
신선한

すがすがしい
산뜻한

晴(は)れやかな
쾌청한

寂(さみ)しい
고독한

天(てん)にも昇(のぼ)る
하늘에라도 날아오를

この上(うえ)なく良(よ)い
최고로 좋은

鼻歌(はなうた)でも歌(うた)いたい
콧노래라도 부르고 싶은

気分(きぶん)です。
기분입니다.

まったく裏切(うらぎ)られた
완전히 배신당한

あまりに悲(かな)しくて、泣(な)きたい
너무 슬퍼서 울고 싶은

05 朝(あさ)から、
아침부터

部長(ぶちょう)に叱(しか)られて、
부장님한테 혼나서

妻(つま)とけんかして、
아내와 싸워서

気分(きぶん)が悪(わる)いんです。
컨디션이 나쁩니다.

06 気分(きぶん)が
기분이

晴(は)れません。
안 좋습니다.

晴(は)れるでしょう。
풀릴 것입니다.

落(お)ち込(こ)んでいます。
착 가라앉았습니다.

よくありません。
좋지 않습니다.

すぐれません。
시원찮습니다.

07 お言葉(ことば)だけでも
말씀만이라도

お世辞(せじ)だけでも
아첨의 말씀이라도

涙(なみだ)が出(で)るほど
눈물이 나올 정도로

うれしいです。
기쁩니다.

08

そんなことを言(い)っていただいて　　うれしいです。
그런 말을 해주시니　　기쁩니다.

そう言(い)っていただいて
그렇게 말해주시니

お役(やく)に立(た)てて
도움이 될 수 있어서

良(よ)い知(し)らせを聞(き)いて
좋은 소식을 들어서

喜(よろこ)んでくださって
기뻐해 주시니

そう思(おも)っていただき、
그렇게 생각해 주시니

お褒(ほ)めに預(あず)かり、
칭찬을 받아

一緒(いっしょ)に働(はたら)くようになり、
함께 일하게 되어

うれしくて　　涙(なみだ)が出(で)てきそうです。
기뻐서　　눈물이 나올 것 같습니다.

言葉(ことば)が出(で)ません。
말이 안 나옵니다.

飛(と)び上(あ)がるほどです。
뛰어오를 정도입니다.

気持(きも)ちがうきうきします。
기분이 들뜹니다.

どうしていいかわかりません。
어찌할 바를 모르겠습니다.

胸(むね)がわくわくします。
가슴이 두근거립니다.

気(き)が狂(くる)いそうだ。
미칠 것 같다.

胸(むね)がはち切(き)れそうだ。
가슴이 터질 것 같다.

10 お会(あ)いできて　　うれしかったです。
만날 수 있어서　　반가웠습니다.

お目(め)にかかれて
만나 뵙게 되어

話(はなし)ができて
이야기를 할 수 있어서

知(し)り合(あ)いになれて
알게 되어서

11 今日(きょう)は　　楽(たの)しかったです。
오늘은　　즐거웠습니다.

私(わたし)も
나도

お話(はなし)、
이야기가

久(ひさ)しぶりで
오래간만에

久(ひさ)しぶりに会(あ)えて
오랜만에 만나서

12 お目(め)にかかれて　　光栄(こうえい)です。
만나 뵙게 되어　　영광입니다.

そう言(い)っていただいて、
그렇게 말씀해 주시니

そんなこと言(い)っていただいて、
그런 말씀을 들으니

身(み)に余(あま)る
분에 넘치는

13 本当(ほんとう)?　　意外(いがい)だったよ。
정말이니?　　의외였어.

信(しん)じられない。
믿을 수 없어.

良(よ)かったね。
잘됐어.

冗談(じょうだん)でしょう。
농담이겠죠?

14 息子(むすこ)のことが
아들이

会社(かいしゃ)のことが
회사일이

父(ちち)のことが
아버지가

彼(かれ)の安否(あんぴ)が
그의 안부가

田中(たなか)さんの口(くち)に合(あ)うかどうか
다나까 씨의 입맛에 맞을지 어떨지

心配(しんぱい)です。
걱정입니다.

15 心配(しんぱい)
걱정

ですね。
이군요.

しないでください。
하지 마세요.

しなくていいですよ。
하지 않아도 됩니다.

してもしょうがないですよ。
해도 소용이 없습니다.

するだけ無駄(むだ)ですよ。
하는 것만큼 손해입니다.

16 仕事(しごと)のこと
업무가

成績(せいせき)のこと
성적이

面接(めんせつ)の結果(けっか)
면접결과가

自分(じぶん)の将来(しょうらい)のこと
내 자신의 장래가

が気掛(きが)かりです。
이(가) 걱정입니다.

17　今日(きょう)はなんだか　　不安(ふぁん)です。
오늘은 왠지　　불안합니다.

今後(こんご)どうなるか
앞으로 어떻게 될지

試験(しけん)の結果(けっか)が
시험결과가

自分(じぶん)の将来(しょうらい)が
제자신의 장래가

うまくいきそうになく、
잘될 것 같지 않아

18　悲(かな)しくて
슬퍼서

泣(な)きたいです。
울고 싶습니다.

仕事(しごと)が手(て)につきません。
일이 손에 안 잡힙니다.

死(し)にたいぐらいです。
죽고 싶을 정도입니다.

胸(むね)が張(は)り裂(さ)けるようです。
가슴이 터질 듯합니다.

胸(むね)が張(は)り裂(さ)けそうです。
가슴이 찢어질 것 같습니다.

悲嘆(ひたん)に暮(く)れています。
비탄에 잠겨 있습니다.

たまりません。
견딜 수 없습니다.

生(い)きる意欲(いよく)を無(な)くしました。
살 의욕을 잃었습니다.

19　怖(こわ)くて
무서워서

鳥肌(とりはだ)が立(た)ちました。
닭살이 돋았습니다.

身震(みぶる)いした。
몸을 떨었다.

背筋(せすじ)がぞっとします。
등골이 오싹합니다.

20 | びっくりした　じゃない!
놀랐　잖아!
驚(おどろ)いた
놀랐

21 ああ、| よかった。
아,　잘됐다.
助(たす)かった。
살았다.
ほっとしたな。
안심했다.

의사 표현

찬성과 반대, 동의와 이의, 긍정과 부정, 확답과 회피 등 자신의 의사를 나타내는 표현들이다. 확답과 단정(断定)을 피하는 언어습관으로 인해 자신의 의사 뒤에 と思います를 붙여 완곡하고 애매하게 표현하는 경우가 많다. 긍정의 표현 시 うん, ええ, はい 순으로 격식 있는 표현이 되고, 부정의 경우 ううん, いや, いえ, いいえ 순으로 정중한 표현이 된다. 즉, 우리말의 아냐, 아니, 아뇨, 아니오 순이다.

Basic Expression

142 私(わたし)もそうです。
나도 그렇습니다.

143 はい、もちろんです。
예, 물론입니다.

144 もちろんです。
물론입니다.

145 たぶんそうでしょう。
아마도 그렇겠지요.

146 まあ、そうでしょうね。
뭐, 그렇겠지요.

147 ぜひ、そうしたいです。
꼭 그렇게 하고 싶습니다.

148 何(なん)とも言(い)えませんね。
뭐라고 말할 수 없네요.

149 それはいい考(かんが)えです。
그것은 좋은 생각입니다.

150 今(いま)すぐ賛成(さんせい)できませんね。
지금 당장 찬성할 수 없습니다.

151 今(いま)のところ、何(なん)とも言(い)えません。
지금은 뭐라고도 말할 수 없습니다.

152 まだ決(き)めていません。
아직 정하지 않았습니다.

153 いいえ、分(わ)かりませんでした。
아니요, 몰랐습니다.

154 いいえ、どういたしまして。
아니요, 천만에요.

155 いいえ、そうではありません。
아니요, 그렇지 않습니다.

156 少(すこ)しも理解(りかい)できませんでした。
조금도 이해할 수 없었습니다.

157 まったく事実(じじつ)ではありません。
전혀 사실이 아닙니다.

158 まだ、考(かんが)えさせてください。
아직 더 생각하게 해주세요.

159 全(まった)くよくないと思(おも)います。
정말로 좋지 않다고 생각합니다.

160 ちょっと考(かんが)える時間(じかん)をください。
조금 생각할 시간을 주세요.

161 できないと思(おも)います。
불가능하다고 생각합니다.

162 それはどうでもいいようなことです。
그것은 아무래도 상관없는 일입니다.

163 違(ちが)うと思(おも)います。
다르다고 생각합니다.

164 それはちょっと大(おお)げさです。
그것은 조금 과장입니다.

01 私(わたし)も
나도

> そうです。
> 그렇습니다.
>
> そうなんです。
> 그렇습니다.
>
> 同(おな)じです。
> 같습니다.
>
> 同(おな)じ考(かんが)えです。
> 같은 생각입니다.
>
> 異議(いぎ)はありません。
> 이의 없습니다.
>
> 異存(いぞん)はありません。
> 이의 없습니다.

02 はい、
예,

> もちろんです。
> 물론입니다.
>
> 当(あ)たり前(まえ)です。
> 당연합니다.
>
> 当然(とうぜん)です。
> 당연합니다.

03 もちろん
물론

> です。
> 입니다.
>
> ですとも。
> 이고말고요.
>
> いいとも。
> 좋고말고.
>
> いいですとも。
> 좋고말고요.

04 たぶん
아마도

おそらく
아마도

きっと
분명

そうでしょう。
그렇겠지요.

05 まあ、そうでしょうね。
뭐, 그렇겠지요.

きっと
분명

おそらく
아마

たぶん
아마

06 ぜひ、そうしたいです。
꼭 그렇게 하고 싶습니다.

もちろん
물론

必(かなら)ず
꼭

絶対(ぜったい)
꼭

07 何(なん)とも言(い)えませんね。
딱히 뭐라고도 말할 수 없네요.

どちらとも
어느 쪽이라고도

一口(ひとくち)には
한마디로는

何(なに)も
아무 것도

08 それは いい考(かんが)え です。
그것은 좋은 생각 입니다.

名案(めいあん)
좋은 생각

素晴(すば)らしい意見(いけん)
훌륭한 의견

いいアイディア
좋은 아이디어

09 今(いま)すぐ
지금 당장

賛成(さんせい)できませんね。
찬성할 수 없습니다.

賛成(さんせい)するわけにはいきません。
찬성할 수는 없습니다.

には、返事(へんじ)できません。
은 대답할 수 없습니다.

10 今(いま)のところ、
지금은

何(なん)とも言(い)えません。
뭐라고도 말할 수 없습니다.

はっきりした返事(へんじ)はできません。
확실한 대답은 할 수 없습니다.

何(なん)ともお答(こた)えできません。
뭐라고 대답할 수 없습니다.

11 まだ
아직

決(き)めていません。
정하지 않았습니다.

決(きま)っていません。
정해지지 않았습니다.

よく考(かんが)えていません。
잘 생각하지 않았습니다.

12 いいえ、
아니요,

全然(ぜんぜん)
전혀

全(まった)く
전혀

ちっとも
조금도

少(すこ)ししか
조금밖에

少(すこ)しも
조금도

分(わ)かりませんでした。
몰랐습니다.

13 いいえ、
아니요,

> どういたしまして。
> 천만에요.
>
> とんでもありません。
> 천만의 말씀입니다.
>
> そんなことありませんよ。
> 그렇지 않습니다.

14 いいえ、
아니요,

> そうではありません。
> 그렇지 않습니다.
>
> そうじゃありません。
> 그렇지 않습니다.
>
> そう思(おも)いません。
> 그렇게 생각하지 않습니다.
>
> そうじゃないと思(おも)います。
> 그렇지 않다고 생각합니다.
>
> そうではないと思(おも)います。
> 그렇지 않다고 생각합니다.
>
> 違(ちが)うと思(おも)います。
> 다르다고 생각합니다.
>
> そうだとは思(おも)いません。
> 그렇다고는 생각하지 않습니다.

15 少(すこ)しも
조금도

よく
잘

まったく
전혀

全然(ぜんぜん)
전혀

理解(りかい)できませんでした。
이해할 수 없었습니다.

16

まったく
전혀

ちっとも
조금도

少(すこ)しも
조금도

必(かなら)ずしも
반드시

事実(じじつ)ではありません。
사실이 아닙니다.

17

まだ、
아직 더

もう一度(いちど)
다시 한번

もうちょっと
좀더

もう少(すこ)し
좀더

もっとよく、
좀더 잘

数日間(すうじつかん)、
며칠간

考(かんが)えさせてください。
생각하게 해주세요.

18

全(まった)く
정말로

全然(ぜんぜん)
전혀

まるっきり
정말로

よくないと思(おも)います。
좋지 않다고 생각합니다.

19

ちょっと
조금

考(かんが)える時間(じかん)をください。
생각할 시간을 주세요.

考(かんが)えさせてください。
생각하게 해주세요.

20

できない
불가능하다

無理(むり)だ
무리라

駄目(だめ)だ
안 된다

やるだけ無駄(むだ)だ
해도 소용없는 일이라

と思(おも)います。
고 생각합니다.

---

21 それは
그것은

どうでもいいような
아무래도 상관없는

価値(かち)のない
가치가 없는

小(ちい)さい
작은

つまらない
쓸데없는

ことです。
일입니다.

22

違(ちが)う
다르다

合(あ)っていない
맞지 않다

事実(じじつ)ではない
사실이 아니라

と思(おも)います。
고 생각합니다.

---

23 それはちょっと
그것은 조금

大(おお)げさです。
과장입니다.

大(おお)げさだと思(おも)います。
과장이라고 생각합니다.

オーバーだと思(おも)います。
오버라고 생각합니다.

Chapter 2

개인의 신상

개인에 대한 신상을 묻고 대답하는 표현으로 국적 国籍, 주소 住所, 직업 職業, 출신학교 出身校, 전화번호 電話番号, 나이 年, 근무처 勤め先 등이 질문대상이 된다. 단 일본인은 아주 절친한 사이가 아니면 타인의 신상에 대해 궁금해 하거나 자세히 물어보거나 하지 않는다. 우리와 다른 점은 상대의 가족에 대해서 질문할 때 나이와 상관없이 존칭을 사용하며 자신의 가족을 남에게 소개할 때는 나이와 상관없이 낮추는 겸양 표현을 사용한다.

Basic Expression

165 どの地方(ちほう)にお住(す)まいですか。
어느 지방에 사십니까?

166 どの市(し)にお住(す)まいですか。
어느 시에 사십니까?

167 出身校(しゅっしんこう)はどちらですか。
출신학교는 어디입니까?

168 日本(にほん)の方(かた)ですか。
일본분입니까?

169 田中(たなか)さんのお住(す)まいは?
다나까 씨의 주소는?

170 連絡先(れんらくさき)は?
연락처는 어디니?

171 伊藤(いとう)さんは熊本県(くまもとけん)出身(しゅっしん)です。
이토 씨는 구마모토현 출신입니다.

172 お幾(いく)つですか
몇 살입니까?

173 今年(ことし)二十歳(はたち)になります。
올해 20살이 됩니다.

174 昭和(しょうわ)45年(ねん)生(う)まれです。
쇼와 45년생입니다.

175 僕(ぼく)の国籍(こくせき)は日本(にほん)だ。
나의 국적은 일본이다.

176 ハワイから来(き)ました。
하와이에서 왔습니다.

177 娘(むすめ)は九(ここの)つです。
딸은 9살입니다.

178 小田(おだ)さんは20代(だい)前半(ぜんはん)です。
오다 씨 는 20대 초반입니다.

179 父(ちち)は今年(ことし)還暦(かんれき)です。
아버지는 올해 환갑입니다.

180 誕生日(たんじょうび)はいつですか。
생일은 언제입니까?

181 私(わたし)は犬年(いぬどし)です。
나는 개띠입니다.

182 私(わたし)は魚座(うおざ)です。
나는 물고기자리입니다.

183 姉(あね)の職業(しょくぎょう)は公務員(こうむいん)です。
언니(누나)의 직업은 공무원입니다.

184 小説家(しょうせつか)を目指(めざ)しています。
소설가를 목표로 하고 있습니다.

185 子供(こども)は何人(なんにん)ですか。
자녀는 몇 명입니까?

186 あの人(ひと)は男(おとこ)の人(ひと)です。
저 사람은 남자입니다.

187 少年(しょうねん)が三人(さんにん)います。
소년이 세 명 있습니다.

188 幼少時代(ようしょうじだい)よく勉強(べんきょう)したものだ。
어린시절 열심히 공부했다.

189 どなたですか。
누구십니까?

 리듬에 맞춰 따라 말해보세요.

01

どの地方(ちほう)	にお住(す)まいですか。
어느 지방	에 사십니까?

どこの町(まち)
어느 마을

どちらの国(くに)
어느 나라

02

どの市(し)	にお住(す)まいですか。
어느 시	에 사십니까?

どこ
어디

どちら
어느 곳

03

出身校(しゅっしんこう)	はどちらですか。
출신학교	은(는) 어디입니까?

出身(しゅっしん)
출신지

大学(だいがく)
대학

お国(くに)
고향(나라)

国籍(こくせき)
국적

生(う)まれ
출생지

04

日本(にほん)	の方(かた)ですか。
일본	분입니까?

韓国(かんこく)
한국

アメリカ
미국

中国(ちゅうごく)
중국

05 田中(たなか)さんの
다나까 씨의

お住(す)まい
주소

お電話番号(でんわばんごう)
전화번호

お国(くに)
나라(고향)

学校(がっこう)
학교

出身学校(しゅっしんがっこう)
출신학교

お仕事(しごと)
직업

は?
는?

06 連絡先(れんらくさき)
연락처

勤(つと)め先(さき)
근무처

勤務先(きんむさき)
근무처

アルバイト先(さき)
아르바이트하는 곳

は?
은(는) 어디니?

07 伊藤(いとう)さんは
이토 씨는

熊本県(くまもとけん)
구마모토현

神戸(こうべ)
고베

日本大学(にほんだいがく)
일본대학

東大(とうだい)
도쿄대학

出身(しゅっしん)です。
출신입니다.

08 お幾(いく)つ
몇 살

何歳(なんさい)
몇 살

ですか
입니까?

09 今年(ことし) | 二十歳(はたち) | になります。
올해 | 20살 | 이 됩니다.

三十歳(さんじゅっさい)
30살

十七歳(じゅうななさい)
17살

五十五歳(ごじゅうごさい)
55살

10 昭和(しょうわ)45年(ねん) | 生(う)まれです。
쇼와 45년 | 생입니다.

1970年(ねん)
1970년

平成(へいせい)2年(ねん)
헤세 2년

福岡(ふくおか)
후꾸오까 출

11 僕(ぼく)の国籍(こくせき)は | 日本(にほん) | だ。
나의 국적은 | 일본 | (이)다.

韓国(かんこく)
한국

イギリス
영국

中国(ちゅうごく)
중국

ギリシャ
그리스

アメリカ
미국

台湾(たいわん)
타이완

12 | ハワイ
하와이

ロシア
러시아

イタリア
이탈리아

イラン
이란

タイ
태국

オーストラリア
호주

から来(き)ました。
에서 왔습니다.

---

13 娘(むすめ)は
딸은

九(ここの)つ
9살

九歳(きゅうさい)
9살

七(なな)つ
7살

十(とお)
10살

六(むっ)つ
6살

八歳(はっさい)
8살

です。
입니다.

---

14 小田(おだ)さんは
오다 씨 는

20代(だい)前半(ぜんはん)です。
20대 초반입니다.

30代(だい)後半(こうはん)です。
30대 후반입니다.

満(まん)で45です。
만으로 45입니다.

数(かぞ)えで36です。
세는 나이(우리나이)로 36세입니다.

今年(ことし)還暦(かんれき)を迎(むか)えます。
올해 환갑을 맞이합니다.

15 父(ちち)は今年(ことし) | 還暦(かんれき) | です。
アバジヌン オレ

아버지는 올해

還暦(かんれき)
환갑입니다.

古希(こき)
고희

喜寿(きじゅ)
희수(77세)

傘寿(さんじゅ)
80세

米寿(べいじゅ)
미수(88세)

白寿(はくじゅ)
99세

16 誕生日(たんじょうび)は
생일은

いつ
언제
ですか。
입니까?

何曜日(なんようび)
무슨 요일

何月(なんがつ)
몇 월

何日(なんにち)
며칠

いつごろ
언제쯤

17 私(わたし)は
나는

犬年(いぬどし)
개띠
です。
입니다.

馬年(うまどし)
말띠

鳥年(とりどし)
닭띠

虎年(とらどし)
호랑이띠

鼠年(ねずみどし)
쥐띠

猿年(さるどし)
원숭이띠

18 私(わたし)は
나는

| 魚座(うおざ) 물고기자리 |
| 双子座(ふたござ) 쌍둥이자리 |
| 獅子座(ししざ) 사자자리 |
| 蟹座(かにざ) 게자리 |
| 牡牛座(おうしざ) 황소자리 |
| 水瓶座(みずがめざ) 물병자리 |

です。
입니다.

19 姉(あね)の職業(しょくぎょう)は
언니(누나)의 직업은

| 公務員(こうむいん) 공무원 |
| 銀行員(ぎんこういん) 은행원 |
| 医者(いしゃ) 의사 |
| 消防士(しょうぼうし) 소방수 |
| 歌手(かしゅ) 가수 |
| アナウンサー 아나운서 |

です。
입니다.

20

| 小説家(しょうせつか) 소설가 |
| コック 요리사 |
| 歯科医(しかい) 치과의사 |
| 看護婦(かんごふ) 간호원 |
| 弁護士(べんごし) 변호사 |

を目指(めざ)しています。
을(를) 목표로 하고 있습니다.

21 子供(こども) は何人(なんにん)ですか。
자녀　은(는) 몇 명입니까?

兄弟(きょうだい)
형제

友達(ともだち)
친구

お子(こ)さん
자제분

22 あの人(ひと)は 　男(おとこ)の人(ひと)　です。
저 사람은　남자　입니다.

女(おんな)の人(ひと)
여자

男(おとこ)の方(かた)
남자분

女(おんな)の方(かた)
여자분

若者(わかもの)
젊은이

年寄(としよ)り
노인

23 少年(しょうねん) が三人(さんにん)います。
소년　이(가) 세 명 있습니다.

少女(しょうじょ)
소녀

児童(じどう)
아동

生徒(せいと)
학생

学生(がくせい)
학생

大学生(だいがくせい)
대학생

24

幼少時代(ようしょうじだい)
어린시절

学生時代(がくせいじだい)
학창시절

大学時代(だいがくじだい)
대학시절

青年時代(せいねんじだい)
청춘시절

よく勉強(べんきょう)したものだ。
열심히 공부했다.

25 どなた
누구

ですか。
십니까?

でしょうか。
신지요?

でしょう。
일까요.

でしたっけ。
셨더라.

*위의 どなた의 위치에 誰(だれ)를 써도 된다. 단 존경의 의미는 사라진다.

물건과 위치

기본적인 응답식 회화인 こ・そ・あ・ど의 문형을 다시 한 번 익히도록 하자. 또한 정확한 위치를 설명하는 위 上, 아래 下, 뒤 後, 앞 前, 옆 側, 옆 橫, 사이 間, 안 中, 오른쪽 右, 왼쪽 左, 동 東, 서 西, 남 南, 북 北 등도 기본적으로 알아두어야 한다. 사물의 존재동사인 ある, 사람의 존재동사인 いる, 소유격 조사 の, 소유대명사 の 또한 이 과의 포인트이다. 사물의 이름을 말할 때 '~라고 한다'는 という는 히라가나로만 사용한다.

Basic Expression

190 これはテレビです。
이것은 텔레비전입니다.

191 これは日本語(にほんご)で辞書(じしょ)といいます。
이것은 일본어로 사전이라고 합니다.

192 ここは学校(がっこう)です。
이곳은 학교입니다.

193 机(つくえ)の上(うえ)に本(ほん)があります。
책상 위에 책이 있습니다.

194 ソファーの上(うえ)に雑誌(ざっし)があります。
소파 위에 잡지가 있습니다.

195 学校(がっこう)はあの建物(たてもの)の右(みぎ)にあります。
학교는 저 건물 오른쪽에 있습니다.

196 東京(とうきょう)の東(ひがし)のほうに家(いえ)があります。
도쿄 동쪽에 집이 있습니다.

197 ペンが一本(いっぽん)あります。
펜이 한 자루 있습니다.

198 このボールペンはだれのですか。
이 볼펜은 누구의 것입니까?

199 私(わたし)の鞄(かばん)ではありません。
저의 가방이 아닙니다.

200 とても太(ふと)いです。
매우 두껍습니다.

201 あまり大(おお)きくありません。
별로 크지 않습니다.

202 このペンの色(いろ)は白(しろ)い。
이 펜 색깔은 하얗다.

203 赤色(あかいろ)のペンをください。
빨간색 펜을 주세요.

204 赤(あか)ペンをください。
빨강 펜을 주세요.

205 銀行(ぎんこう)の前(まえ)に公園(こうえん)があります。
은행 앞에 공원이 있습니다.

206 この近(ちか)くに喫茶店(きっさてん)がありますか。
이 근처에 찻집이(가) 있습니까?

207 ここは駅(えき)から遠(とお)すぎます。
이곳은 역에서 너무 멉니다.

208 駅(えき)はどこですか。
역은 어디입니까?

209 北口(きたぐち)はどこですか。
북쪽 출구는 어디입니까?

01 これは　｜ テレビ ｜ です。
　　이것은　　텔레비전　　입니다.

コンピューター
컴퓨터

カメラ
카메라

靴(くつ)
신발

香水(こうすい)
향수

02 これは日本語(にほんご)で　｜ 辞書(じしょ) ｜ といいます。
　　이것은 일본어로　　사전　　이라고 합니다.

机(つくえ)
책상

椅子(いす)
의자

物差(ものさ)し
자

万年筆(まんねんひつ)
만년필

03 ここは　｜ 学校(がっこう) ｜ です。
　　이곳은　　학교　　입니다.

銀行(ぎんこう)
은행

図書館(としょかん)
도서관

新聞社(しんぶんしゃ)
신문사

郵便局(ゆうびんきょく)
우체국

交番(こうばん)
파출소

04 机(つくえ)の上(うえ)に [本(ほん)] があります。
책상 위에 책 이(가) 있습니다.

ノート
노트

ペン
펜

ラジオ
라디오

新聞(しんぶん)
신문

筆箱(ふでばこ)
필통

05 ソファーの [上(うえ)] に雑誌(ざっし)があります。
소파 위 에 잡지가 있습니다.

下(した)
아래

後(うし)ろ
뒤

前(まえ)
앞

側(そば)
옆

横(よこ)
옆

間(あいだ)
사이

中(なか)
안

06 学校(がっこう)はあの建物(たてもの)の [右(みぎ)] にあります。
학교는 저 건물 오른쪽 에 있습니다.

右側(みぎがわ)
오른편

左(ひだり)
왼쪽

左(ひだり)の方(ほう)
왼쪽

07 東京(とうきょう)の | 東(ひがし) / 西(にし) / 北(きた) / 南(みなみ) | のほうに家(いえ)があります。
도쿄 | 동쪽 / 서쪽 / 북쪽 / 남쪽 | 에 집이 있습니다.

08 ペン / 本(ほん) / みかん / テレビ / 紙(かみ) / 消(けし)ゴム | が | 一本(いっぽん) / 二冊(にさつ) / 三(みっ)つ / 四台(よんだい) / 五枚(ごまい) / 六個(ろっこ) | あります。
펜 / 책 / 귤 / 텔레비전 / 종이 / 지우개 | 이(가) | 한 자루 / 두 권 / 세 개 / 네 대 / 다섯 장 / 여섯 개 | 있습니다.

09 このボールペンは | だれ / あなた / 林(はやし)さん / 先生(せんせい) / 妹(いもうと)さん / 彼女(かのじょ) | のですか。
이 볼펜은 | 누구 / 당신 / 하야시 씨 / 선생님 / 여동생 / 그녀 | 의 것입니까?

10 私(わたし) の 鞄(かばん)ではありません。
저 의 가방이 아닙니다.

弟(おとうと)
남동생

本田(ほんだ)さん
혼다 씨

彼(かれ)
그

僕(ぼく)
나

11 とても
매우

太(ふと)いです。
두껍습니다.

細(ほそ)いです。
가늡니다.

濃(こ)いです。
진합니다.

薄(うす)いです。
연합니다.

難(むずか)しいです。
어렵습니다.

面白(おもしろ)いです。
재미있습니다.

つまらないです。
재미없습니다.

12 あまり
별로

大(おお)きく ありません。
크지 않습니다.

小(ちい)さく
작지

長(なが)く
길지

短(みじか)く
짧지

多(おお)く
많지

少(すく)なく
적지

13 このペンの色(いろ)は
이 펜 색깔은

白(しろ)い。
하얗다.

赤(あか)い。
빨갛다.

黄色(きいろ)い。
노랗다.

黒(くろ)い。
검다.

青(あお)い。
파랗다.

14 赤色(あかいろ)
빨간색

青色(あおいろ)
파란색

緑色(みどりいろ)
녹색

紺色(こんいろ)
감색

茶色(ちゃいろ)
갈색

紫色(むらさきいろ)
보라색

紅色(べにいろ)
주홍색

のペンをください。
펜을 주세요.

15 赤(あか)
빨강

青(あお)
검정

黒(くろ)
파랑

ペンをください。
펜을 주세요.

16 銀行(ぎんこう)の
은행

| 前(まえ) — 앞 |
| 後(うし)ろ — 뒤 |
| 側(そば) — 옆 |
| 横(よこ) — 옆 |
| 向(む)こう — 건너편 |
| 向(む)かい — 건너편 |
| 隣(となり) — 옆 |
| 近(ちか)く — 근처 |
| 辺(あた)り — 주변 |

に公園(こうえん)があります。
에 공원이 있습니다.

17 この近(ちか)くに
이 근처에

| 喫茶店(きっさてん) — 찻집 |
| レストラン — 레스토랑 |
| バス停(てい) — 버스정류장 |
| 病院(びょういん) — 병원 |
| 大使館(たいしかん) — 대사관 |
| 百円(ひゃくえん)ショップ — 100엔샵 |

がありますか。
이(가) 있습니까?

18 ここは駅(えき)から
이곳은 역에서

| 遠(とお)すぎます。 — 너무 멉니다. |
| 近(ちか)すぎます。 — 너무 가깝습니다. |

19 駅(えき)は
역은

> どこですか。
> 어디입니까?
>
> どこにありますか。
> 어디에 있습니까?
>
> どちらの方(ほう)ですか。
> 어느 쪽 입니까?
>
> この辺(あた)りにありますか。
> 이 근처에 있습니까?
>
> どの辺(あた)りにありますか。
> 어디 근처에 있습니까?
>
> こちらの方向(ほうこう)でいいんですか。
> 이쪽 방향으로 가면 됩니까?
>
> この辺(へん)ですか。
> 이 근처입니까?

20

北口(きたぐち)
북쪽 출구

南口(みなみぐち)
남쪽 출구

入(い)り口(ぐち)
입구

出口(でぐち)
출구

非常口(ひじょうぐち)
비상구

一番(いちばん)の出口(でぐち)
1번 출구

はどこですか。
은(는) 어디입니까?

Unit 13 외모와 용모

외모와 신체의 특징 즉, 신장, 체중, 얼굴, 피부색, 머리스타일 등을 나타내는 표현이다. 신장과 체중을 물을 때는 どのくらいですか, どのくらいありますか로 물으며, 발 사이즈 235를 23.5로 나타낸다. 외모를 나타내는 표현 중 '약간 살이 쪘습니다'라는 말은 남자에게는 小太りです로, 여자에게는 少し丸いです로 표현해야 된다. 또한 '못생겼다'는 표현은 동물에게는 みにくい를 사용하지만, 사람에게는 格好よくない나 ブサイクだ로 표현한다.

Basic Expression

210 中村(なかむら)さんは背(せ)が高(たか)いです。
나까무라 씨는 키가 큽니다.

211 背(せ)はどのくらいですか。
키는 어느 정도입니까?

212 体重(たいじゅう)は51キロです。
몸무게는 51킬로그램입니다.

213 身長(しんちょう)は170センチです。
키는 170센티입니다.

214 足(あし)のサイズは 22.5センチです。
발 치수는 225센티입니다.

215 彼(かれ)はハンサムです。
그는 잘생겼습니다.

216 彼女(かのじょ)はきれいです。
그녀는 예쁩니다.

217 えくぼがあります。
보조개가 있습니다.

218 目(め)つきが悪(わる)いです。
눈매가 매섭습니다.

219 彼女(かのじょ)はお嬢様(じょうさま)タイプです。
그녀는 공주타입(스타일)입니다.

220 私(わたし)は髪(かみ)の毛(け)が多(おお)いです。
나는 머리(숱)가 많습니다.

221 私(わたし)は白髪(しらが)です。
나는 머리가 흽니다.

222 佐藤(さとう)さんは目(め)が大(おお)きいです。
사토 씨는 눈이 큽니다.

223 私(わたし)は胸(むね)が豊(ゆた)かな方(ほう)です。
나는 가슴이 큰 편입니다.

224 きれいになりましたね。
예뻐졌군요.

225 木村(きむら)さんは第一印象(だいいちいんしょう)がいいです。
기무라 씨는 첫인상이 좋습니다.

226 私(わたし)は姉(あね)とそっくりです。
나는 언니(누나)와 꼭 닮았습니다.

227 私(わたし)は母似(ははに)です。
나는 어머니를 닮았습니다.

228 最近(さいきん)、10キロも増(ふ)えました。
최근에 10킬로나 쪘습니다.

229 最近(さいきん)5キロ減(へ)りました。
요새 5킬로 빠졌습니다.

230 体重(たいじゅう)を減(へ)らすために運動(うんどう)をします。
체중을 줄이기 위해 운동을 합니다.

231 高橋(たかはし)さんは目(め)の不自由(ふじゆう)な人(ひと)です。
다카하시 씨는 시각장애인입니다.

232 人(ひと)を誉(ほ)めるのが上手(じょうず)ですね。
사람을 칭찬하는 것을 잘하는군요.

01 中村(なかむら)さんは
나까무라 씨는

背(せ)が高(たか)いです。
키가 큽니다.

背(せ)が低(ひく)いです。
키가 작습니다.

痩(や)せています。
말랐습니다.

太(ふと)っています。
뚱뚱합니다.

中背(ちゅうぜい)です。
중간키입니다.

中肉中背(ちゅうにくちゅうぜい)です。
중간키에 알맞게 살이 쪘습니다.

二重(ふたえ)があります。
쌍꺼풀이 있습니다.

一重(ひとえ)です。
눈이 홑겹입니다.

たくましいです。
늠름합니다.

がっしりしています。
체격이 좋습니다.

02 背(せ)
키

体重(たいじゅう)
몸무게

身長(しんちょう)
신장

はどのくらいですか。
은(는) 어느 정도입니까?

03 体重(たいじゅう)は
몸무게는

51キロです。
51킬로그램입니다.

60ぐらいです。
60정도입니다.

秘密(ひみつ)です。
비밀입니다.

言(い)えません。
말할 수 없습니다.

04 身長(しんちょう)は
키는

170センチです。
170센티입니다.

185です。
185센티입니다.

180以上(いじょう)はあります。
180이상입니다.

あまり高(たか)くありません。
별로 크지 않습니다.

高(たか)い方(ほう)です。
큰 편입니다.

低(ひく)いほうです。
작은 편입니다.

秘密(ひみつ)です。
비밀입니다.

内緒(ないしょ)です。
비밀입니다.

最近(さいきん)、測(はか)ったことはありません。
최근에 잰 적이 없습니다.

はっきり分(わ)かりませんが、120ぐらいです。
확실히는 모르겠습니다만 120센티 정도입니다.

05 足(あし)のサイズは
발 치수는

22.5 225	センチです。 입니다.
23 230	
23.5 235	
24 240	
24.5 245	

06 彼(かれ)は
그는

ハンサムです。
잘생겼습니다.

格好(かっこう)いいです。
멋있습니다.

格好(かっこう)よくないです。
못생겼습니다.

ブサイクです。
못생겼습니다.

魅力的(みりょくてき)です。
매력적입니다.

がっしりしています。
몸이 튼튼합니다.

背(せ)が丸(まる)まっています。
등이 굽었습니다.

肉付(にくづ)きがいいです。
살집이 좋습니다.

ヒゲを生(は)やしています。
수염을 기르고 있습니다.

ヒゲがあります。
수염이 있습니다.

小太(こぶと)りです。
약간 살이 쪘습니다.

さわやかです。
모습이 깔끔합니다.

07 彼女(かのじょ)は
그녀는

きれいです。
예쁩니다.

かわいいです。
귀엽습니다.

美(うつく)しいです。
아름답습니다.

かわいくないです。
못생겼습니다.

ブスです。
못생겼습니다.

愛(あい)らしいです。
사랑스럽습니다.

ぽっちゃりとしています。
통통합니다.

少(すこ)し丸(まる)いです。
약간 살이 쪘습니다.

セクシーです。
섹시합니다.

ボリュームがあります。
볼륨감이 있습니다.

色気(いろけ)がありません。
섹시하지 않습니다.

背(せ)が高(たか)くて、すらっとしています。
키가 크고 날씬합니다.

背(せ)が低(ひく)くて、ぽちゃっとしています。
키가 작고 통통합니다.

色白(いろじろ)で美人(びじん)です。
얼굴이 하얗고 미인입니다.

色黒(いろぐろ)です。
까무잡잡합니다.

*ブスは 속어적인 표현이다.

08 えくぼ
보조개

にきび
여드름

そぼかす
주근깨

　　　があります。
　　　이(가) 있습니다.

09 目(め)つきが
눈매가

悪(わる)いです。
매섭습니다.

やさしいです。
곱습니다.

きついです。
엄합니다.

10 彼女(かのじょ)は
그녀는

お嬢様(じょうさま)
공주

キャリアーウーマン
커리어우먼

癒(いや)し系(けい)の
위로감을 주는

タイプです。
타입(스타일)입니다.

11 私(わたし)は髪(かみ)の毛(け)が
나는 머리(숱)가

多(おお)いです。
많습니다.

多(おお)すぎます。
너무 많습니다.

少(すく)ないです。
적습니다.

少(すく)なすぎます。
너무 적습니다.

長(なが)いです。
깁니다.

短(みじか)いです。
짧습니다.

12 私(わたし)は
나는

白髪(しらが)です。
머리가 흽니다.

若白髪(わかしらが)です。
새치가 있습니다.

茶髪(ちゃぱつ)です。
노란 머리입니다.

金髪(きんぱつ)です。
금발입니다.

くせ毛(け)です。
곱슬머리입니다.

ストレートです。
생머리입니다.

はげています。
대머리입니다.

13 佐藤(さとう)さんは目(め)が
사토 씨는 눈이

大(おお)きいです。
큽니다.

小(ちい)さいです。
작습니다.

垂(た)れています。
눈이 쳐져있습니다.

つりあがっています。
눈 꼬리가 올라갔습니다.

くりくりしてかわいいです。
동글동글해서 귀엽습니다.

14 私(わたし)は胸(むね)が
나는 가슴이

豊(ゆた)かな方(ほう)です。
큰 편입니다.

貧弱(ひんじゃく)です。
빈약합니다.

大(おお)きいです。
큽니다.

小(ちい)さいです。
작습니다.

15 きれいに
예뻐

美(うつく)しく
아름다워

かわいく
귀여워

女(おんな)らしく
여성스러워

男(おとこ)らしく
남자다워

おしゃれに
멋져

なりましたね。
졌군요.

16 木村(きむら)さんは
기무라 씨는

第一印象(だいいちいんしょう)がいいです。
첫인상이 좋습니다.

顔(かお)の彫(ほ)りが深(ふか)いです。
얼굴 윤곽이 뚜렷합니다.

鼻筋(はなすじ)が通(とお)っています。
콧날이 오뚝합니다.

顎(あご)がとがっています。
턱이 뾰족합니다.

髪(かみ)が縮(ちぢ)れています。
곱슬머리입니다.

17 私(わたし)は姉(あね)と
나는 언니(누나)와

そっくりです。
꼭 닮았습니다.

とても似(に)ています。
매우 닮았습니다.

瓜二(うりふた)つです。
쏙 빼 닮았습니다.

少(すこ)しも似(に)ていません。
전혀 닮지 않았습니다.

似(に)ても似(に)つかないです。
전혀 비슷하지도 않습니다.

18 私(わたし)は
나는

母似(ははに)   です。
어머니를 닮았   습니다.

父似(ちちに)
아버지를 닮았

祖父似(そふに)
할아버지를 닮았

19 最近(さいきん)、
최근에

10キロも   増(ふ)えました。
10킬로나   쪘습니다.

3キロ
3킬로

少(すこ)し
조금

20 最近(さいきん)5キロ
요새　　5킬로

減(へ)りました。
빠졌습니다.

痩(や)せました。
빠졌습니다.

太(ふと)りました。
살쪘습니다.

21 体重(たいじゅう)を減(へ)らすために
체중을 줄이기 위해

運動(うんどう)をします。
운동을 합니다.

ダイエットをします。
다이어트를 합니다.

夕御飯(ゆうごはん)は食(た)べません。
저녁은 굶습니다.

一時間(いちじかん)ずつ走(はし)ります。
한 시간씩 달립니다.

二食(にしょく)だけ食(た)べます。
두 끼 식사만 합니다.

間食(かんしょく)は一切(いっさい)
絶(た)っています。
간식은 일절 끊었습니다.

決(き)まった食事(しょくじ)を
とっています。
정해진 식사를 하고 있습니다.

甘(あま)い物(もの)は取(と)らない
ようにしています。
단 음식은 먹지 않도록 하고 있습니다.

毎日(まいにち)早歩(はやある)きを
しています。
매일 빨리 걷기를 하고 있습니다.

有酸素運動(ゆうさんそうんどう)を
30分(ぷん)しています。
유산소운동을 30분씩 합니다.

22 高橋(たかはし)さんは
다카하시 씨는

目(め)の不自由(ふじゆう)な人(ひと)
시각장애인

耳(みみ)の不自由(ふじゆう)な人(ひと)
청각장애인

体(からだ)の不自由(ふじゆう)な人(ひと)
장애인

です。
입니다.

23 人(ひと)を誉(ほ)める
사람을 칭찬하는

人(ひと)をおだてる
사람을 치켜세우는

のが上手(じょうず)ですね。
것을 잘하는군요.

성격과 성품

사람의 다양한 성격을 나타내는 표현으로 성격, 성품을 나타내는 여러 형용사와 ナ형용사를 쉬운 표현부터 하나하나 익히도록 하자. 겁쟁이 弱虫, 울보 泣き虫, 변덕쟁이 お天気屋처럼 명사로 성격을 나타내는 표현도 익히자. 또한 気가 들어간 관용어도 매우 중요한 성격 표현이 되는데, 뒤에 強い, 弱い, 多い, いい, 早い 등을 붙이거나 合う, 合わない, 利く, 利かない 등을 붙여 사용한다. 内向的だ처럼 的를 붙여 성격을 나타내기도 한다.

Basic Expression

233 田中(たなか)さんはとても真面目(まじめ)です。
다나까 씨는 매우 성실합니다.

234 本田(ほんだ)さんは賢(かしこ)いです。
혼다 씨는 똑똑합니다.

235 彼(かれ)は楽観的(らっかんてき)な性格(せいかく)の持(も)ち主(ぬし)です。
그는 낙관적인 성격의 소유자입니다.

236 山田(やまだ)さんは優(やさ)しい人(ひと)です。
야마다 씨는 상냥한 사람입니다.

237 彼(かれ)はいつも厳(きび)しいです。
그는 언제나 엄합니다.

238 彼女(かのじょ)は大人(おとな)しいです。
그녀는 얌전합니다.

239 豊島(としま)さんは口(くち)が軽(かる)いです。
도지마 씨는 입이 가볍습니다.

240 積極的(せっきょくてき)なのはいいことではありません。
적극적인 것은 좋은 것이 아닙니다.

241 口数(くちかず)が多(おお)い人(ひと)です。
말수가 많은 사람입니다.

242 幼(おさな)いころは泣(な)き虫(むし)でした。
어린 시절에는 울보였습니다.

243 若(わか)いのに辛抱強(しんぼうづよ)いです。
젊은데도 참을성이 많습니다.

244 あなたは本当(ほんとう)に落(お)ち着(つ)いていますね。
당신은 정말 침착하군요.

245 気(き)が多(おお)い所(ところ)が僕(ぼく)の短所(たんしょ)です。
변덕스러운 점이 제 단점입니다.

246 彼女(かのじょ)はだれよりもけちです。
그녀는 누구보다도 인색합니다.

247 気(き)まぐれですみませんでした。
변덕을 부려 죄송했습니다.

248 本当(ほんとう)に意地(いじ)が悪(わる)いな。
정말로 마음씨가 나쁘구나.

249 彼(かれ)は恥(は)ずかしがり屋(や)です。
그는 숫기가 없습니다.

   리듬에 맞춰 따라 말해보세요.

01 田中(たなか)さんはとても
다나까 씨는 매우

真面目(まじめ) / 성실
丁寧(ていねい) / 정중
親切(しんせつ) / 친절
穏(おだ)やか / 온화
朗(ほが)らか / 명랑
正直(しょうじき) / 정직

です。
합니다.

＊真面目(まじめ)だ에는 부지런하다는 의미도 있습니다.

02 本田(ほんだ)さんは
혼다 씨는

賢(かしこ)いです。
똑똑합니다.

ひねくれています。
모난 성격입니다.

思(おも)いやりがあります。
배려심이 있습니다.

冷(つめ)たいです。
냉정합니다.

礼儀正(れいぎただ)しいです。
예의 바릅니다.

03 彼(かれ)は
그는

楽観的(らっかんてき)
낙관적

悲観的(ひかんてき)
비관적

社交的(しゃこうてき)
사교적

外向的(がいこうてき)
외향적

内向的(ないこうてき)
내향적

な性格(せいかく)の持(も)ち主(ぬし)です。
인 성격의 소유자입니다.

04 山田(やまだ)さんは
야마다 씨는

優(やさ)しい
상냥한

明(あか)るい
밝은

ずうずうしい
뻔뻔한

気難(きむずか)しい
까다로운

ロマンチックな
낭만적인

内気(うちき)な
내성적인

無口(むくち)な
과묵한

陽気(ようき)な
명랑한

ユーモアのある
유머가 있는

人(ひと)です。
사람입니다.

05 彼(かれ)はいつも
그는 언제나

厳(きび)しいです。
엄합니다.

上品(じょうひん)です。
기품이 있습니다.

下品(げひん)です。
천박합니다.

短気(たんき)です。
성격이 급합니다.

不真面目(ふまじめ)です。
불성실합니다.

そそっかしいです。
덜렁댑니다.

おちょこちょいです。
덜렁댑니다.

117

06 彼女(かのじょ)は
그녀는

大人(おとな)しいです。
얌전합니다.

気前(きまえ)がいいです。
통이 큽니다.

無口(むくち)です。
과묵합니다.

のんびりしています。
느긋합니다.

マイペースです。
느긋합니다.

要領(ようりょう)がいいです。
요령이 좋습니다.

謙虚(けんきょ)です。
겸손합니다.

主体性(しゅたいせい)がないです。
줏대가 없습니다.

07 豊島(とじま)さんは口(くち)が
도지마 씨는 입이

軽(かる)い
가볍
です。
습니다.

重(おも)い
무겁

堅(かた)い
무겁

08 積極的(せっきょくてき)
적극적

社交的(しゃこうてき)
사교적

消極的(しょうきょくてき)
소극적

内向的(ないこうてき)
내성적

否定的(ひていてき)
부정적

悲観的(ひかんてき)
비관적

非協力的(ひきょうりょくてき)
비협조적

なのはいいことではありません。
인 것은 좋은 것이 아닙니다.

09 口数(くちかず)が
말수가

多(おお)い
많은

人(ひと)です。
사람입니다.

少(すく)ない
적은

10 幼(おさな)いころは
어린 시절에는

泣(な)き虫(むし)
울보

弱虫(よわむし)
겁쟁이

焼(や)きもち焼(や)き
질투쟁이

意地(いじ)っ張(ば)り
고집쟁이

嘘(うそ)つき
거짓말쟁이

お天気屋(てんきや)
변덕쟁이

わんぱく坊主(ぼうず)
개구쟁이

のんびり屋(や)
느긋한 사람

でした。
였습니다.

11 若(わか)いのに
젊은데도

辛抱強(しんぼうづよ)いです。
참을성이 많습니다.

我慢強(がまんづよ)いです。
참을성이 많습니다.

注意深(ちゅういぶか)いです。
신중합니다.

12 あなたは本当(ほんとう)に
당신은 정말

落(お)ち着(つ)いて
침착하

変(か)わって
특이하

ひねくれて
비뚤어졌

はきはきして
시원시원하

いますね。
군요.

13 気(き)が多(おお)い
변덕스러운

気(き)が強(つよ)い
성격이 드센

気(き)が弱(よわ)い
마음이 약한

気(き)がいい
마음씨가 좋은

気(き)が速(はや)い
성급한

気(き)が利(き)かない
재치가 둔한

負(ま)けず嫌(きら)い
지기 싫어하는

礼儀(れいぎ)がない
버릇이 없는

所(ところ)が僕(ぼく)の短所(たんしょ)です。
점이 제 단점입니다.

14 彼女(かのじょ)はだれよりも
그녀는 누구보다도

けちです。
인색합니다.

せっかちだ
조급합니다.

度胸(どきょう)があります
배짱이 있습니다.

やさしいです。
상냥합니다.

優柔不断(ゆうじゅうふだん)だ
우유부단합니다.

几帳面(きちょうめん)だ
꼼꼼합니다.

まめです。
꼼꼼합니다.

プライドが高(たか)いです。
자존심이 셉니다.

120

15 気(き)まぐれで
변덕을 부려

わがままで
버릇없어서

勝手(がって)で
제멋대로여서

自分勝手(じぶんがって)で
제멋대로여서

我(が)が強(つよ)くて
고집에 세서

心配(しんぱい)かけて
걱정을 끼쳐서

手間(てま)をかけて
수고를 끼쳐서

すみませんでした。
죄송했습니다.

16 本当(ほんとう)に
정말로

意地(いじ)
마음씨

人(ひと)
성질

付(つ)き合(あ)い
붙임성

が悪(わる)いな。
이(가) 나쁘구나.

17 彼(かれ)は
그는

恥(は)ずかしがり屋(や)です。
숫기가 없습니다.

照(て)れ屋(や)です。
수줍음을 잘 탑니다.

気分屋(きぶんや)です。
기분파입니다.

意地悪(いじわる)です。
심술꾸러기입니다.

寒(さむ)がりです。
추위를 잘 탑니다.

暑(あつ)がりです。
더위를 잘 탑니다.

건강과 질병

상대의 건강을 물을 때 気分はどうですか, 元気はどうですか 体調はいいですか 등으로 질문하고 어딘가 안
좋아 보일 때는 どうしましたか, どうかしましたか, どこか悪いですか로 질문한다. 몸이 아프다는 표현에
がんがん, じんじん, むかむか 등의 표현도 익혀두면 편리하다. 참고로 気持ちが悪い는 징그러울 때나 토할
것 같다는 뜻이고, 気分が悪い는 몸 상태가 좋지 않다는 의미이다.

Basic Expression

250 おかげさまで、よく眠(ねむ)れました。
덕분에 잘 잤습니다.

251 体(からだ)の具合(ぐあ)いはすっかり回復(かいふく)しました。
몸 상태는 완전히 회복했습니다.

252 最近(さいきん)、めっきり体力(たいりょく)が落(お)ちました。
최근에 부쩍 체력이 떨어졌습니다.

253 ずいぶん良(よ)くなりました。
상당히 좋아졌습니다.

254 最近(さいきん)、疲(つか)れ気味(ぎみ)です。
요즘 피곤한 상태입니다.

255 調子(ちょうし)が悪(わる)いです。
컨디션이 나쁩니다.

256 いつもよりずっといいです。
평상시보다 훨씬 좋습니다.

257 健康(けんこう)のために軽(かる)い運動(うんどう)をしています。
건강을 위해서 가벼운 운동을 하고 있습니다.

258 たくさん食(た)べ過(す)ぎないようにしています。
과식하지 않으려고 합니다.

259 最近(さいきん)夏(なつ)ばて気味(ぎみ)です。
최근에 더위를 먹은 것 같습니다.

260 今朝(けさ)から体(からだ)が重(おも)いです。
오늘 아침부터 몸이 무겁습니다.

261 昨日(きのう)から頭(あたま)が痛(いた)いんです。
어제부터 머리가 아픕니다.

262 頭(あたま)が割(わ)れるような痛(いた)みです。
　　머리가 깨질 것 같은 통증입니다.

263 がんがんします。
　　지끈지끈 합니다.

264 頭(あたま)ががんがん痛(いた)みます。
　　머리가 욱신욱신 아픕니다.

265 心臓(しんぞう)が悪(わる)いんです。
　　심장이 나쁩니다.

266 二日酔(ふつかよ)いで気分(きぶん)がすぐれません。
　　숙취로 속이 좋지 않습니다.

267 病院(びょういん)に行(い)った方(ほう)がいいですよ。
　　병원에 가는 편이 낫습니다.

268 歯(は)が痛(いた)いので病院(びょういん)に行(い)こうと思(おも)います。
　　이가 아파서 병원에 가려고 합니다.

269 健康診断(けんこうしんだん)を受(う)けようと思(おも)います。
　　건강검진을 받으려고 합니다.

270 外科(げか)に行(い)こうと思(おも)います。
　　외과에 가려고 합니다.

271 受付(うけつけ)はどちらでしょうか。
　　접수처는 어디인가요?

272 怪我(けが)をして病院(びょういん)に行(い)きました。
　　부상을 입어 병원에 갔습니다.

273 針(はり)を打(う)ちに病院(びょういん)へ行(い)きました。
　　침을 맞으러 병원에 갔습니다.

274 口(くち)を開(あ)けてください。
　　입을 벌려주세요.

275 お風呂(ふろ)は控(ひか)えてください。
　　목욕은 삼가세요.

276 絶対(ぜったい)禁止(きんし)です。
　　절대로 금지입니다.

277 ただの風邪(かぜ)ですね。
단순한 감기이군요.

278 肺癌(はいがん)になる恐(おそ)れがあります。
폐암이 될 우려가 있습니다.

279 酔(よ)い止(と)めのお薬(くすり)をください。
멀미약을 주세요.

280 やっと病気(びょうき)が治(なお)りました。
드디어 병이 나았습니다.

281 回復(かいふく)の兆(きざ)しがありません。
회복의 징후가 없습니다.

282 風邪薬(かぜぐすり)を買(か)えるでしょうか。
감기약을 살 수 있는지요.

283 漢方薬(かんぽうやく)をもらいました。
한약을 받았습니다.

284 この薬(くすり)は三時間(さんじかん)おきに飲(の)んでください。
이 약은 3시간 간격으로 드세요.

285 この薬(くすり)を食前(しょくぜん)に飲(の)んでください。
이 약을 식사 전에 드세요.

286 この薬(くすり)は熱(ねつ)が下(さ)がったら止(や)めてください。
이 약은 열이 내려가면 중지하여 주세요.

01 おかげさまで、
덕분에

よく眠(ねむ)れました。
잘 잤습니다.

だいぶよくなりました。
꽤 좋아졌습니다.

だいぶ回復(かいふく)しました。
꽤 회복되었습니다.

だいぶ元気(げんき)になりました。
꽤 건강해졌습니다.

健康(けんこう)です。
건강합니다.

02 体(からだ)の具合(ぐあ)いは
몸 상태는

すっかり回復(かいふく)しました。
완전히 회복했습니다.

少(すこ)しよくなりました。
조금 좋아졌습니다.

まあまあです。
그저 그렇습니다.

あまりよくありません。
별로 좋지 않습니다.

かえってひどくなりました。
오히려 심해졌습니다.

いつになくいいです。
이례적으로 좋습니다.

03 最近(さいきん)、
최근에

めっきり体力(たいりょく)が落(お)ちました。
부쩍 체력이 떨어졌습니다.

暑(あつ)くて食欲(しょくよく)がありません。
더워서 식욕이 없습니다.

調子(ちょうし)が悪(わる)いですよ。
몸 상태가 나쁩니다.

体(からだ)が弱(よわ)くなったようです。
몸이 약해진 것 같습니다.

病気(びょうき)がちになりました。
병치레가 늘었습니다.

04 ずいぶん
상당히

なかなか
상당히

だいぶ
꽤

すっかり
완전히

体(からだ)の調子(ちょうし)が
몸 상태가

良(よ)くなりました。
좋아졌습니다.

05 最近(さいきん)、
요즘

ここのところ
요새

このごろ
요즘

近(ちか)ごろ
요즘

今日(きょう)はちょっと
오늘은 조금

疲(つか)れ気味(ぎみ)です。
피곤한 상태입니다.

06 調子(ちょうし)が
컨디션이

コンディションが
컨디션이

目(め)が
눈이

気分(きぶん)が
속이

悪(わる)いです。
나쁩니다.

*気分(きぶん)은 '속' 외에 '기분'이라는 의미도 있다.

07 いつもより
평상시보다

ずっといいです。
훨씬 좋습니다.

気分(きぶん)がいいです。
몸 상태가 좋습니다.

具合(ぐあ)いがいいです。
몸 상태가 좋습니다.

具合(ぐあ)いがよくありません。
몸 상태가 좋지 않습니다.

すっきりしています。
상쾌합니다.

08 健康(けんこう)のために
건강을 위해서

軽(かる)い運動(うんどう)をしています。
가벼운 운동을 하고 있습니다.

お酒(さけ)を控(ひか)えています。
술을 삼가고 있습니다.

お酒(さけ)をやめました。
술을 끊었습니다.

タバコをやめました。
담배를 끊었습니다.

禁煙(きんえん)しています。
금연중입니다.

野菜(やさい)を多(おお)く摂(と)るようにしています。
야채를 많이 먹도록 하고 있습니다.

ヨガをやっています。
요가를 하고 있습니다.

毎朝(まいあさ)ジョギングをしています。
매일 아침 조깅을 합니다.

早寝早起(はやねはやお)きをしています。
일찍 자고 일찍 일어나고 있습니다.

09 たくさん食(た)べ過(す)ぎない　　　　　ようにしています。
과식하지 않으　　　　　려고 합니다.

何(なに)も気(き)を使(つか)わない
아무것도 신경 쓰지 않으

何(なん)でもいいように考(かんが)える
뭐든지 좋게 생각하

何(なん)でもいい方向(ほうこう)に考(かんが)える
뭐든지 좋은 방향으로 생각하

10 最近(さいきん)
최근에

夏(なつ)ばて気味(ぎみ)です。
더위를 먹은 것 같습니다.

下痢(げり)気味(ぎみ)です。
설사를 좀 합니다.

少(すこ)し風邪(かぜ)気味(ぎみ)です。
조금 감기기운이 있습니다.

11 今朝(けさ)から
오늘 아침부터

体(からだ)が重(おも)いです。
몸이 무겁습니다.

寒気(さむけ)がします。
오한이 듭니다.

鼻水(はなみず)が出(で)ます。
콧물이 나옵니다.

頭(あたま)が痛(いた)いです。
아침부터 머리가 아픕니다.

吐気(はきけ)がします。
구토가 납니다.

咳(せき)が出(で)ます。
기침이 나옵니다.

頭痛(ずつう)がします。
머리가 아픕니다.

めまいがします。
현기증이 납니다.

耳鳴(みみな)りがします。
귀가 울립니다.

腹痛(ふくつう)がします。
배가 아픕니다.

下痢(げり)をします。
설사를 합니다.

つわりをします。
입덧을 합니다.

くしゃみが出(で)ます。
재채기가 납니다.

あくびが出(で)ます。
하품이 납니다.

12 昨日(きのう)から頭(あたま)　　　が痛(いた)いんです。
어제부터 머리　　　이(가) 아픕니다.

転(ころ)んだ後(あと)から腕(うで)
넘어진 후부터 팔

二日酔(ふつかよ)いで頭(あたま)
숙취로 머리

今朝(けさ)からお腹(なか)
오늘 아침부터 배

奥歯(おくば)
어금니

13 頭(あたま)が割(わ)れるような　　痛(いた)みです。
머리가 깨질 것 같은　　　통증입니다.

ずきずきする
욱신거리는

お腹(なか)が刺(さ)すような
배가 찌르는 것 같은

ズーンとした
무겁게 띵 가라앉는

きりきりする
쿡쿡 쑤시는

刺(さ)すような
찌르는 듯한

ちくちくする
따끔거리는

14 がんがん　　　します。
지끈지끈　　　합니다.

くらくら
어질어질

じんじん
저릿저릿

びりびり
찌르르

ふらふら
휘청휘청

むかむか
메슥메슥

15 頭(あたま)ががんがん　痛(いた)みます。
머리가 욱신욱신　아픕니다.

お腹(なか)がきりきり
배가 쿡쿡

お腹(なか)がしくしく
배가 살살

腰(こし)の回(まわ)りが重(おも)くて
엉덩이가 무겁고

歩(ある)く時(とき)
걸을 때

16 心臓(しんぞう)　が悪(わる)いんです。
심장　이(가) 나쁩니다.

肝臓(かんぞう)
간

気管支(きかんし)
기관지

肺(はい)
폐

17 二日酔(ふつかよ)いで　気分(きぶん)がすぐれません。
숙취로　속이 좋지 않습니다.

胃(い)の調子(ちょうし)が悪(わる)くて
위 상태가 나빠서

18 病院(びょういん)に 行(い)った　方(ほう)がいいですよ。
병원에 가는　편이 낫습니다.

薬(くすり)を飲(の)んだ
약을 먹는

休(やす)んだ
쉬는

帰(かえ)った
돌아가는

休息(きゅうそく)をとった
충분히 휴식을 취하는

診察(しんさつ)を受(う)けた
진찰을 받는

19 歯(は)が痛(いた)い
이가 아파

頭(あたま)が痛(いた)い
머리가 아파

お腹(なか)が痛(いた)い
배가 아파

鼻(はな)がつまる
코가 막혀

息(いき)が苦(くる)しい
숨쉬기가 힘들어

吐(は)き気(け)をする
구역질이 나

下痢(げり)する
설사를 해

ので病院(びょういん)に行(い)こうと思(おも)います。
서 병원에 가려고 합니다.

20 健康診断(けんこうしんだん)
건강검진

検査(けんさ)
검사

診察(しんさつ)
진찰

を受(う)けようと思(おも)います。
을(를) 받으려고 합니다.

21 外科(げか)
외과

内科(ないか)
내과

小児科(しょうにか)
소아과

整形外科(せいけいげか)
정형외과

精神科(せいしんか)
신경과

耳鼻科(じびか)
이비인후과

歯医者(はいしゃ)
치과

産婦人科(さんふじんか)
산부인과

に行(い)こうと思(おも)います。
에 가려고 합니다.

22 受付(うけつけ)
접수처
診察室(しんさつしつ)
진찰실
手術室(しゅじゅつしつ)
수술실
内科病棟(ないかびょうとう)
내과병동
応急室(おうきゅうしつ)
응급실

はどちらでしょうか。
은(는) 어디인가요?

23 怪我(けが)をして
부상을 입어
喉(のど)が腫(は)れて
목이 부어
お腹(なか)を壊(こわ)して
배탈이 나서
火傷(やけど)をして
화상을 입어
夏(なつ)ばてをして
더위를 먹어
熱(ねつ)があって
열이 있어
足(あし)を挫(くじ)いて
발을 삐어
首(くび)をひねって
목이 삐어

病院(びょういん)に行(い)きました。
병원에 갔습니다.

24 針(はり)を打(う)ち
침을 맞으
虫歯(むしば)を抜(ぬ)き
충치를 뽑으
レントゲンを取(と)り
엑스레이를 찍으
注射(ちゅうしゃ)を打(う)ってもらい
주사를 맞으
医者(いしゃ)に診(み)てもらい
의사에게 진찰을 받으

に病院(びょういん)へ行(い)きました。
러 병원에 갔습니다.

25　口（くち）を開（あ）けて　　　ください。
입을 벌려　　　주세요.

息（いき）を吸（す）って
숨을 들이켜

横（よこ）になって
옆으로 누워

うつぶせになって
엎드려

仰向（あおむ）けになって
위를 향해

26　お風呂（ふろ）　　　は控（ひか）えてください。
목욕　　　은(는) 삼가세요.

入浴（にゅうよく）
입욕

お酒（さけ）
술

煙草（たばこ）
담배

塩分（えんぶん）
염분

27　絶対（ぜったい）　　　禁止（きんし）です。
절대로　　　금지입니다.

アルコールは
알코올은

煙草（たばこ）は
담배는

お酒（さけ）
술

28

ただの風邪(かぜ)
단순한 감기

インフルエンザ
유행성 독감

食(しょく)あたり
식중독

火傷(やけど)
화상

水虫(みずむし)
무좀

盲腸(もうちょう)
맹장

ですね。
이군요.

29

肺癌(はいがん)
폐암

胃潰瘍(いかいよう)
위궤양

癌(がん)
암

胃癌(いがん)
위암

脳硬塞(のうこうそく)
뇌경색

大腸癌(だいちょうがん)
대장암

になる恐(おそ)れがあります。
이(가) 될 우려가 있습니다.

30

酔(よ)い止(と)めの
멀미

咳(せき)止(と)めの
기침

胃(い)もたれの
위장

痛(いた)み止(と)め
진통제

熱冷(ねっさ)まし
해열제

薬(くすり)をください。
약을 주세요.

31 やっと 드디어

- 病気(びょうき) 병
- 風邪(かぜ) 감기
- 怪我(けが) 상처
- 胃炎(いえん) 위염
- 肺炎(はいえん) 폐렴
- 喘息(ぜんそく) 천식
- アレルギー 알레르기
- 後遺症(こういしょう) 후유증

が治(なお)りました。
이(가) 나았습니다.

32 回復(かいふく)の 회복의

兆(きざ)しがありません。
징후가 없습니다.

見込(みこ)みがないようです。
전망이 없는 것 같습니다.

33

- 風邪薬(かぜぐすり) 감기약
- 睡眠剤(すいみんざい) 수면제
- 漢方薬(かんぽうやく) 한약
- 胃腸薬(いちょうやく) 위장약
- 栄養剤(えいようざい) 영양제
- 消化剤(しょうかざい) 소화제

を買(か)えるでしょうか。
을(를) 살 수 있는지요.

34 漢方薬(かんぽうやく) をもらいました。
한약　　　을(를) 받았습니다.

飲(の)み薬(ぐすり)
먹는 약

塗(ぬ)り薬(ぐすり)
바르는 약

軟膏(なんこう)
연고

睡眠剤(すいみんざい)
수면제

目薬(めぐすり)
안약

便秘薬(べんぴやく)
변비약

35 この　薬(くすり)　は三時間(さんじかん)おきに飲(の)んでください。
이　　약　　은(는) 3시간 간격으로 드세요

粉薬(こなぐすり)
가루약

錠剤(じょうざい)
정제

カプセル
캡슐

風邪薬(かぜぐすり)
감기약

36 この薬(くすり)を　食前(しょくぜん)　に飲(の)んでください。
이 약을　　식사 전　　에 드세요.

食間(しょっかん)
식사 사이

食後(しょくご)
식사 후

37 この薬(くすり)は
이 약은

熱(ねつ)が下(さ)がっ 열이 내려가	たら止(や)めてください。 면 중지하여 주세요.
咳(せき)が止(と)まっ 기침이 멎으	
痛(いた)みがとれ 통증이 없어지	
湿疹(しっしん)が消(き)え 습진이 없어지	
ぶつぶつが消(き)え 두드러기가 없어지	
疲(つか)れがとれ 피로가 풀리	

날씨와 계절

今日はいいお天気ですねらと言を 건네면 상대편도 응수를 해주고, 最近、暖かくなってきましたねら고 하면 그 뒤의 자연스럽게 회화가 연결된다. 이렇듯 날씨와 계절표현은 대화를 부드럽게 이끌어주고 서로에게 동질감을 주는 화제가 된다. 날씨를 표현하는 여러 형용사와 天気予報에 관련한 기상표현도 익혀두도록 하자. 또한 사계절이 분명한 일본의 春. 夏. 秋. 冬의 다양한 계절표현들도 익혀 부드럽고 매끄러운 대화를 이끌도록 하자.

Basic Expression

287 今日(きょう)はいい天気(てんき)ですね。
오늘은 날씨가 좋군요.

288 なんといい日(ひ)なんでしょう。
정말 좋은 날이군요.

289 暖(あたた)かくなってきました。
따뜻해졌습니다.

290 今日(きょう)は温(あたた)かい日(ひ)ですね。
오늘은 따뜻한 날씨네요.

291 爽(さわ)やかな天気(てんき)ですね。
상쾌한 날씨이군요.

292 本当(ほんとう)に寒(さむ)いですね。
정말로 춥군요.

293 涼(すず)しくて気持(きも)ちがいいですね。
서늘해서 기분이 좋군요.

294 今日(きょう)の天気(てんき)はどうですか。
오늘 날씨는 어떻습니까?

295 外(そと)の天気(てんき)は晴(は)れていますよ。
바깥 날씨는 개어 있습니다.

296 そちらの天気(てんき)はどうですか。
그쪽의 날씨는 어떻습니까?

297 雨(あめ)がざあざあ降(ふ)ります。
비가 주룩주룩 내립니다.

298 また雨(あめ)になりそうですね。
다시 비가 올 것 같군요.

299 梅雨(つゆ)が始(はじ)まりました。
장마가 시작되었습니다.

300 明日(あした)は雨(あめ)が降(ふ)るそうだ。
내일은 비가 온다고 한다.

301 新聞(しんぶん)によると、来週(らいしゅう)から梅雨(つゆ)だそうだ。
신문에 의하면 다음주부터 장마라고 한다.

302 午後(ごご)には晴(は)れるそうです。
오후에는 개인다고 합니다.

303 明日(あした)は晴(は)れるそうです。
내일은 개인다고 합니다.

304 明日(あした)の天気(てんき)は晴(は)れです。
내일 날씨는 맑음입니다.

305 天気予報(てんきよほう)では降水確率(こうすいかくりつ)60％だそうです。
일기예보에서는 강수확률 60%라고 합니다.

306 気象庁(きしょうちょう)の天気予報(てんきよほう)が当(あ)たりました。
기상청의 일기예보가 맞았습니다.

307 雨(あめ)が降(ふ)っています。
비가 내리고 있습니다.

308 雨(あめ)が止(や)みました。
비가 멈췄습니다.

309 雨(あめ)が降(ふ)らないうちに帰(かえ)りましょう。
비가 내리기 전에 돌아갑시다.

310 大雨(おおあめ)が激(はげ)しく降(ふ)り注(そそ)いでいます。
큰비가 세차게 쏟아지고 있습니다.

311 台風(たいふう)のせいで被害(ひがい)を受(う)けました。
태풍 때문에 피해를 입었습니다.

312 今日(きょう)はマイナス十度(じゅうど)です。
오늘은 마이너스 10도입니다.

313 日本(にほん)は今頃(いまごろ)時雨(しぐれ)でしょう。
일본은 지금쯤 장마겠지요.

314 私(わたし)の好(す)きな季節(きせつ)は春(はる)です。
내가 좋아하는 계절은 봄입니다.

315 春(はる)は入学(にゅうがく)と卒業(そつぎょう)のお祝(いわ)いで賑(にぎ)わう。
봄에는 입학과 졸업축하로 흥겹다.

316 春(はる)は希望(きぼう)の季節(きせつ)です。
봄은 희망의 계절입니다.

317 夏(なつ)は情熱(じょうねつ)の季節(きせつ)です。
여름은 정열의 계절입니다.

318 ひどい暑(あつ)さですね。
심한 더위로군요.

319 こんなに暑(あつ)いと、夏(なつ)ばてになりそうですね。
이렇게 더우니 더위를 먹게 될 것 같군요.

320 顔(かお)から滝(たき)のような汗(あせ)が流(なが)れるよ。
얼굴에서 폭포 같은 땀이 흘러요.

321 秋(あき)は読書(どくしょ)の季節(きせつ)です。
가을은 독서의 계절입니다.

322 秋(あき)といえば読書(どくしょ)の季節(きせつ)。
가을은 독서의 계절.

323 秋(あき)は涼(すず)しくてさわやかでいいです。
가을은 서늘하고 상쾌해서 좋습니다.

324 冬(ふゆ)は雪(ゆき)の季節(きせつ)です。
겨울은 눈의 계절입니다.

325 今年(ことし)の冬(ふゆ)は例年(れいねん)に比(くら)べ、暖(あたた)かいそうですよ。
올 겨울은 예년과 비교해서 따뜻하다고 합니다.

326 東北(とうほく)は大雪(おおゆき)だそうです。
동북지방은 큰 눈이라고 합니다.

01
今日(きょう)は　오늘은
本当(ほんとう)に　정말로
とても　매우

いいお天気(てんき)ですね。
날씨가 좋군요.

02　なんといい　정말 좋은

日(ひ)　날
お天気(てんき)　날씨
青空(あおぞら)　파란 하늘

なんでしょう。
이군요.

03
暖(あたた)かく　따뜻해
暑(あつ)く　더워
涼(すず)しく　서늘해
寒(さむ)く　추워
だんだん暖(あたた)かく　점점 따뜻해
蒸(む)し暑(あつ)く　무더워

なってきました。
졌습니다.

04　今日(きょう)は　오늘은

温(あたた)かい　따뜻한
温暖(おんだん)な　온난한
蒸(む)し暑(あつ)い　푹푹 찌는
春(はる)めいた　봄다운

日(ひ)ですね。
날씨네요.

05 爽(さわ)やかな
상쾌한

いい
좋은

嫌(いや)な
싫은

うっとうしい
우중충한

肌寒(はださむ)い
쌀쌀한

本当(ほんとう)にひどい
정말 심한

申(もう)し分(ぶん)のない
더할 나위 없는 좋은

うららかな
화창한

秋晴(あきば)れのいい
갠 하늘이 아름다운

天気(てんき)ですね。
날씨이군요.

*うららかだ는 봄에만, 秋晴(あきば)れ는 가을에만 사용하는 표현이다.

06 本当(ほんとう)に
정말로

今日(きょう)はとても
오늘은 정말로

今朝(けさ)は肌(はだ)を刺(さ)すように
오늘 아침은 살을 에이는 듯

今年(ことし)の冬(ふゆ)は例年(れいねん)になく
올 겨울은 예년에 없이

寒(さむ)いですね。
춥군요.

07 涼(すず)しくて
서늘해서

風(かぜ)が吹(ふ)いて
바람이 불어

空気(くうき)が澄(す)んで
공기가 맑아

爽(さわ)やかで
상쾌해서

気持(きも)ちがいいですね。
기분이 좋군요.

梅雨(つゆ)が開(あ)けて
장마가 끝나서

ぽかぽか暖(あたた)かくて
따뜻해서

08 今日(きょう)
오늘

明日(あした)
내일

そちら
그쪽

日本(にほん)
일본

今週(こんしゅう)
이번 주

関西地方(かんさいちほう)
관서지방

の天気(てんき)はどうですか。
날씨는 어떻습니까?

09 外(そと)の天気(てんき)は
바깥 날씨는

晴(は)れていますよ。
개어 있습니다.

曇(くも)っていますよ。
흐려 있습니다.

どんよりしていますね。
잔뜩 흐려 있습니다.

蒸(む)し暑(あつ)いです。
푹푹 찝니다.

肌寒(はだざむ)いです。
으스스 춥습니다.

とても寒(さむ)いです。
매우 춥습니다.

涼(すず)しいです。
서늘합니다.

ぽかぽか暖(あたた)かいです。
후끈후끈 따뜻합니다.

10 そちらの ┃ 天気(てんき) ┃ はどうですか。
그쪽의 　날씨 　은(는) 어떻습니까?

気候(きこう)
기후

気温(きおん)
기온

11 雨(あめ)が ┃ ざあざあ ┃ 降(ふ)ります。
비가 　주룩주룩 　내립니다.

しとしと
보슬보슬

ぽつぽつ
후드득후드득

ぱらぱら
호드득호드득

12 また ┃ 雨(あめ)になり ┃ そうですね。
다시 　비가 올 　것 같군요.

夕立(ゆうだち)になり
소나기가 올

台風(たいふう)が接近(せっきん)し
태풍이 접근할

13 梅雨(つゆ) ┃ が始(はじ)まりました。
장마 　가 시작되었습니다.

が明(あ)けました
가 끝났습니다.

に入(はい)りました。
에 들어갔습니다.

に入(はい)っています。
철입니다.

入(い)りしました。
에 들어갔습니다.

明(あ)けしました。
가 끝났습니다.

14 明日(あした)は
내일은

> 雨(あめ)が降(ふ)る
> 비가 온다
>
> 雪(ゆき)が降(ふ)る
> 눈이 온다
>
> 霧(きり)がかかる
> 안개가 낀다
>
> 霜(しも)が降(お)りる
> 서리가 내린다
>
> 雷(かみなり)が鳴(な)る
> 천둥번개가 친다
>
> にわか雨(あめ)が降(ふ)る
> 소나기가 내린다
>
> 氷(こおり)が張(は)る
> 얼음이 언다
>
> 霜柱(しもばしら)が立(た)つ
> 서릿발이 선다
>
> ひょうが降(ふ)る
> 우박이 온다
>
> 雲(くも)がかかる
> 구름이 낀다
>
> からっと晴(は)れる
> 날씨가 활짝 갠다
>
> かんかん照(て)る
> 햇볕이 쨍쨍 내리쬔다
>
> 夜(よる)も熱帯夜(ねったいや)だ
> 저녁에도 열대야라

そうだ。
고 한다.

15 新聞(しんぶん)
신문

テレビ
텔레비전

ニュース
뉴스

ラジオ
라디오

によると、来週(らいしゅう)から梅雨(つゆ)だそうだ。
에 의하면 다음주부터 장마라고 한다.

16 午後(ごご)には
오후에는

晴(は)れる
개인다

曇(くも)る
흐리다

雪(ゆき)が降(ふ)る
눈이 온다

台風(たいふう)が来(く)る
태풍이 온다

霜(しも)が降(お)りる
서리가 내린다

そうです。
고 합니다.

17 明日(あした)は
내일은

晴(は)れるそうです。
개인다고 합니다.

晴(は)れるかな。
개일까?

晴(は)れたらいいですね。
개었으면 좋겠어요.

晴(は)れそうです。
개일 것 같습니다.

18 明日(あした)の天気(てんき)は
내일 날씨는

晴(は)れです。
맑음입니다.

曇(くも)りです。
흐림입니다.

荒(あ)れ模様(もよう)です。
나빠집니다.

大荒(おおあ)れです。
심한 폭풍우입니다.

19 天気予報(てんきよほう)では
일기예보에서는

降水確率(こうすいかくりつ)60％
강수확률 60%

ところによって雨(あめ)
지역에 따라 비

一日中(いちにちじゅう)雨(あめ)
하루 종일 비

晴(は)れときどき曇(くも)り
맑음 때때로 흐림

晴(は)れ後(のち)曇(くも)り
맑음 후 흐림

だそうです。
라고 합니다.

20 気象庁(きしょうちょう)の天気予報(てんきよほう)が
기상청의 일기예보가

当(あ)たりました。
맞았습니다.

外(はず)れました。
빗나갔습니다.

21 雨(あめ)が
비가

降(ふ)っています。
내리고 있습니다.

降(ふ)ってきました。
왔습니다.

降(ふ)りそうですよ。
내릴 것 같습니다.

降(ふ)り始(はじ)めました。
내리기 시작했습니다.

降(ふ)るそうです。
내린다고 합니다.

降(ふ)ったり止(や)んだりしています。
내리다 말다 합니다.

降(ふ)り続(つづ)いています。
계속 내리고 있습니다.

降(ふ)らなければいいですが。
내리지 않으면 좋겠습니다만.

22 雨(あめ)が
비가

止(や)みました。
멈췄습니다.

上(あ)がりました。
개었습니다.

止(や)みませんね。
멈추지 않네요.

止(や)むまで待(ま)ちましょう。
그치기까지 기다립시다.

上(あ)がるまで待(ま)ちましょう。
개기까지 기다립시다.

ぱらつき始(はじ)めましたよ。
뿌리기 시작했습니다.

小降(こぶ)りになってきました。
가늘어졌습니다.

23 雨(あめ)が降(ふ)らないうちに
비가 내리기 전에

帰(かえ)りましょう。
돌아갑시다.

仕事(しごと)を終(お)えましょう。
일을 끝냅시다.

洗濯物(せんたくもの)を
取(と)り込(こ)みましょう。
빨래를 거둬들입시다.

24 大雨(おおあめ)が
큰비가

激(はげ)しく降(ふ)り注(そそ)いでいます。
세차게 쏟아지고 있습니다.

一週間(いっしゅうかん)降(ふ)り続(つづ)いています。
일주일간 계속 내리고 있습니다.

25 台風(たいふう)
태풍

大雨(おおあめ)
큰 비

洪水(こうずい)
홍수

稲妻(いなずま)
번개

日照(ひで)り
가뭄

暴風雨(ぼうふうう)
폭풍우

大型台風(おおがたたいふう)
대형태풍

嵐(あらし)
폭풍

のせいで被害(ひがい)を受(う)けました。
때문에 피해를 입었습니다.

26 今日(きょう)は
오늘은

マイナス
마이너스

氷点下(ひょうてんか)
영하

零下(れいか)
영하

十度(じゅうど)です。
10도입니다.

27 日本(にほん)は今頃(いまごろ) 　　　でしょう。
일본은 지금쯤　　　　　　　　　　겠지요.

| 時雨(しぐれ) |
| 장마 |
| 梅雨(つゆ) |
| 장마 |
| 梅雨(ばいう) |
| 장마 |
| 真夏(まなつ) |
| 한여름 |
| 真冬(まふゆ) |
| 한겨울 |
| 大雪(おおゆき) |
| 큰 눈 |
| 吹雪(ふぶき) |
| 눈보라 |

*時雨(しぐれ)는 늦가을에서 초겨울에 내리는 장마이다.

28 私(わたし)の好(す)きな季節(きせつ)は 　　　です。
내가 좋아하는 계절은　　　　　　　　　입니다.

| 春(はる) |
| 봄 |
| 夏(なつ) |
| 여름 |
| 秋(あき) |
| 가을 |
| 冬(ふゆ) |
| 겨울 |

29 春(はる)は
봄에는

入学(にゅうがく)と卒業(そつぎょう)のお祝(いわ)いで賑(にぎ)わう。
입학과 졸업축하로 흥겹다.

花(はな)が咲(さ)き始(はじ)めますね。
꽃이 피기 시작합니다.

花(はな)があっちこっちで咲(さ)きます。
꽃이 여기저기에서 핍니다.

つぼみがほころび始(はじ)めます。
꽃봉오리가 벌어지기 시작합니다.

桜(さくら)が満開(まんかい)です。
벚꽃이 만개합니다.

30 春(はる)は | 希望(きぼう) / 희망 | 新芽(しんめ) / 새싹 | 入学式(にゅうがくしき) / 입학식 | の季節(きせつ)です。
봄은　　　　　　　　　　　　　　　　　　　　　　　　의 계절입니다.

31 夏(なつ)は | 情熱(じょうねつ)の / 정열의 | 不快指数(ふかいしすう)が高(たか)い / 불쾌지수가 높은 | 日差(ひざ)しがとても強(つよ)い / 햇볕이 매우 강한 | 汗(あせ)ばむ / 땀이 나는 | 季節(きせつ)です。
여름은　　　　　　　　　　　　　　　　　　　　　　　　계절입니다.

32 ひどい / 심한 | 焼(や)け付(つ)くような / 타는 듯한 | うだるような / 몸이 늘어지는 | 何(なに)もやる気(き)がしない / 아무것도 할 생각이 안 나는 | 暑(あつ)さですね。
더위로군요.

33 こんなに暑(あつ)いと、| 夏(なつ)ばてになりそうですね。 / 더위를 먹게 될 것 같군요. | 夏(なつ)ばてしそうですね。 / 더위를 먹을 것 같아요.
이렇게 더우니

34 顔(かお)から | 滝(たき) / 폭포 | 玉(たま) / 구슬 | のような汗(あせ)が流(なが)れるよ。
얼굴에서　　　　　　　　　　　　　　같은 땀이 흘러요.

35 秋(あき)は ┃ 読書(どくしょ) / 結実(けつじつ) / 食欲(しょくよく) / 活動(かつどう) / コスモス / 紅葉(こうよう)の美(うつく)しい / 読書(どくしょ)に最高(さいこう) / 天高(てんたか)く馬(うま)が肥(こ)ゆる ┃ の季節(きせつ)です。

가을은 ┃ 독서 / 결실 / 식욕 / 활동 / 코스모스 / 단풍이 아름다운 / 독서하기에 최고의 / 천고마비의 ┃ 의 계절입니다.

36 秋(あき)といえば ┃ 読書(どくしょ) / 食欲(しょくよく) / スポーツ ┃ の季節(きせつ)。

가을은 ┃ 독서 / 식욕 / 스포え ┃ 의 계절.

37 秋(あき)は ┃ 涼(すず)しくてさわやかでいいです。 / 読書(どくしょ)するのにいいですね。 / 山(やま)が紅葉(こうよう)し始(はじ)めます。 / 木(こ)の葉(は)が色(いろ)づき始(はじ)めます。 / 朝晩(あさばん)は肌寒(はだざむ)い感(かん)じがします。

가을은

서늘하고 상쾌해서 좋습니다.
독서하는 데에 좋습니다.
산이 단풍으로 물들기 시작합니다.
나뭇잎이 물들기 시작합니다.
아침저녁으로는 서늘한 느낌이 듭니다.

38 冬(ふゆ)は
겨울은

雪(ゆき)の
눈의

気(き)が引(ひ)き締(し)まる
정신이 긴장되는

寒(さむ)さが身(み)に染(し)みる
추위가 몸에 사무치는

季節(きせつ)です。
계절입니다.

39 今年(ことし)の冬(ふゆ)は
올 겨울은

例年(れいねん)に比(くら)べ、暖(あたた)かいそうですよ。
예년과 비교해서 따뜻하다고 합니다.

例年(れいねん)に比(くら)べたら、暖(あたた)かいですね。
예년과 비교하면 따뜻하군요.

10年(ねん)ぶりの寒(さむ)さだそうですよ。
10년만의 추위라고 합니다.

異常(いじょう)に暖(あたた)かいですね。
비정상적으로 따뜻하군요.

そう寒(さむ)くないようですね。
그렇게 춥지 않은 것 같습니다.

格別(かくべつ)に寒(さむ)いそうですよ。
각별히 춥다고 합니다.

40 東北(とうほく)は
동북지방은

大雪(おおゆき)だそうです。
큰 눈이라고 합니다.

雪(ゆき)が1メートル積(つ)もっています。
눈이 1미터 쌓였습니다.

大雪注意報(おおゆきちゅういほう)が出(で)ています。
대설주의보가 내려 있습니다.

牡丹雪(ぼたんゆき)が降(ふ)っています。
함박눈이 내리고 있습니다.

雪(ゆき)がこんこん降(ふ)っています。
눈이 펑펑 내리고 있습니다.

음식과 식사

일상생활에 가장 기본이 되는 것 중 빠질 수 없는 것이 음식과 식사표현이다. 좋아한다 好きだ, 잘 못 먹는다 苦手だ, 먹고 싶다 食べたい도 기본적인 표현이니 외워두도록 하자. 음식을 정중히 권유할 때에는 いかがですか, 음식을 먹겠다는 표현은 します, 먹자고 권유할 때에는 しましょう, 食べましょう 등으로 말한다. 또한 음식을 부탁할 때 ください나 お願いします를 사용하고, 식사 전후에 いただきます와 ごちそうさまでした를 사용하도록 하자.

Basic Expression

327 紅茶(こうちゃ)が好(す)きです。
홍차를 좋아합니다.

328 麺類(めんるい)が食(た)べたいです。
면 종류를 먹고 싶습니다.

329 コーヒーはいかがですか。
커피는 어떻습니까?

330 私(わたし)は韓国料理(かんこくりょうり)が好(す)きです。
나는 한식을 좋아합니다.

331 納豆(なっとう)は苦手(にがて)です。
낫토는 잘 못 먹습니다.

332 寿司(すし)を食(た)べたことがありますか。
생선초밥을 먹은 적이 있습니까?

333 コーヒーをお願(ねが)いします。
커피를 부탁합니다.

334 コーヒーは食事(しょくじ)と一緒(いっしょ)にお願(ねが)いします。
커피는 식사와 함께 부탁합니다.

335 パンをください。
빵을 주세요.

336 いちごパフェをください。
딸기파르페를 주세요.

337 酎(ちゅう)ハイをください。
츄하이를 주세요.

338 少(すこ)しだけください。
조금만 주세요.

339 ライスにします。
밥으로 하겠습니다.

340 ウェルダンにしてください。
잘 익혀주세요.

341 私(わたし)はステーキにします。
나는 스테이크로 먹겠습니다.

342 洋食(ようしょく)にしましょう。
양식으로 합시다.

343 お茶(ちゃ)はどのようになさいますか。
차는 어떻게 드시겠습니까?

344 紅茶(こうちゃ)はどのようにいたしましょうか。
홍차는 어떻게 드릴까요?

345 朝食(ちょうしょく)はパンで済(す)ましている。
아침은 빵으로 때우고 있다.

346 食事(しょくじ)に行(い)きましょう。
식사하러 갑시다.

347 私(わたし)は、ケーキに目(め)がないんです。
나는 케이크를 너무 좋아합니다.

348 昼食(ちゅうしょく)はだいたい社員食堂(しゃいんしょくどう)で食(た)べます。
점심은 대개 사원식당에서 먹습니다.

349 この辺(あた)りにレストランがありますか。
이 주변에 레스토랑이 있습니까?

350 お腹(なか)がすきました。
배가 고픕니다.

351 昨夕(ゆうべ)は食(た)べすぎた。
어젯밤은 너무 많이 먹었다.

352 さあ、お弁当(べんとう)を食(た)べましょう。
자, 도시락을 먹읍시다.

353 どうもご馳走(ちそう)さまでした。
정말 잘 먹었습니다.

354 たくさんいただきました。
많이 먹었습니다.

355 濃(こ)くお願(ねが)いします。
진하게 부탁합니다.

356 お勧(すす)めのメニューは何(なん)ですか。
추천메뉴는 무엇입니까?

357 この店(みせ)はいつも混(こ)んでいます。
이 가게는 항상 사람이 붐빕니다.

358 今晩(こんばん)、一杯(いっぱい)やりませんか。
오늘밤 한 잔 안 할래요?

359 酒(さけ)を毎日(まいにち)飲(の)みます。
술을 매일 마십니다.

360 皆(みな)さんの健康(けんこう)に乾杯(かんぱい)!
모두의 건강을 위해서 건배!

361 ラーメンといえば北海道(ほっかいどう)です。
라면이라고 하면 홋카이도입니다.

 리듬에 맞춰 따라 말해보세요.

01
紅茶(こうちゃ)が
홍차를
紅茶(こうちゃ)の方(ほう)が
홍차를 더
両方(りょうほう)
둘 다
どちらも
모두
何(なん)でも
아무거나

好(す)きです。
좋아합니다.

02
麺類(めんるい)
면 종류
丼(どんぶり)もの
덮밥류
洋食(ようしょく)
양식
中華(ちゅうか)
중국음식
スパゲッティ
스파게티
牛丼(ぎゅうどん)
규동(소고기덮밥)
デザート
후식

が食(た)べたいです。
을(를) 먹고 싶습니다.

03
コーヒーは
커피는
デザートは
디저트는
コーヒーのおかわり
커피 한 잔 더
もう少(すこ)し
좀 더 드시는 게
お茶(ちゃ)、
차는

いかがですか。
어떻습니까?

04 私(わたし)は ／ 나는　[韓国料理(かんこくりょうり) / 한식 ・ 和食(わしょく) / 일식 ・ 中華料理(ちゅうかりょうり) / 중식 ・ イタリア料理(りょうり) / 이태리음식 ・ エスニック料理(りょうり) / 에스닉요리 ・ 外食(がいしょく) / 외식 ・ ファーストフード / 패스트푸드 ・ 魚料理(さかなりょうり) / 생선요리 ・ 肉料理(にくりょうり) / 고기요리]　が好(す)きです。 ／ 을(를) 좋아합니다.

05 [納豆(なっとう) / 낫또 ・ 焼(や)きそば / 야끼소바 ・ 生卵(なまたまご) / 날달걀 ・ 刺身(さしみ) / 생선회 ・ お雑煮(ぞうに) / 일본떡국 ・ 梅干(うめぼ)し / 매실절임]　は苦手(にがて)です。 ／ 은(는) 잘 못 먹습니다.

06 寿司(すし) を食(た)べたことがありますか。
생선초밥 을(를) 먹은 적이 있습니까?

刺身(さしみ)
회

キムチ
김치

納豆(なっとう)
낫또

お好(この)み焼(や)き
오꼬노미야끼

焼(や)き肉(にく)
야끼니꾸

07 コーヒーを お願(ねが)いします。
커피를 부탁합니다.

ブラックで
블랙으로

ミルクだけ
크림만

ミルク少(すこ)しと砂糖(さとう)二(ふた)つ
크림 조금과 설탕 두 스푼

ミルク一(ひと)つと砂糖(さとう)二(ふた)つ
크림 한 개와 설탕 두 개

08 コーヒーは 食事(しょくじ)と一緒(いっしょ)に お願(ねが)いします。
커피는 식사와 함께 부탁합니다.

食前(しょくぜん)に
식사 전에

食後(しょくご)に
식사 후에

あとで
나중에

パン
빵
ご飯(はん)
밥
うどん
우동
お水(みず)
물을
これ
이걸

をください。
을(를) 주세요.

いちごパフェ
딸기파르페
レモンティー
레몬티
ジュース
주스
サイダー
사이다
オレンジジュース
오렌지주스
コーラ
콜라

をください。
을(를) 주세요.

酎(ちゅう)ハイ
츄하이
ワイン
와인
水割(みずわ)り
미즈와리
ウィスキー
위스키
日本酒(にほんしゅ)
일본주
焼酎(しょうちゅう)
소주

をください。
을(를) 주세요.

*酎ハイ는 탄산수와 음료수를 탄 소주이고, 水割り는 물을 탄 술이다.

12

少(すこ)しだけ
조금만

半分(はんぶん)だけ
반만

もう少(すこ)し
좀 더

もう一杯(いっぱい)
한 잔 더

コーヒーのおかわり
커피를 한 잔 더

これを三(みっ)つ
이것을 3개

私(わたし)も同(おな)じのを
나도 같은 것을

ください。
주세요.

13

ライス
밥

ステーキ
스테이크

トンカツ
포크커틀릿

ピザ
피자

ハンバーガー
햄버거

定食(ていしょく)
정식

カロリーの低(ひく)いの
칼로리가 낮은 것

ボリュームのあるもの
양이 많은 것

私(わたし)はこれ
나는 이걸로

私(わたし)はいつものもの
나는 평상시 먹는 것

にします。
으로 하겠습니다.

14 | ウェルダン
잘
ミディアム
중간으로
レア
약간만
中(ちゅう)ぐらい
중간 정도로
| にしてください。
익혀 주세요.

15 私(わたし)は
나는
| ステーキ
스테이크
カレー
카레
ハンバーガー
햄버거
スパゲッティ
스파게티
牛丼(ぎゅうどん)
소고기덮밥
| にします。
로 먹겠습니다.

16 | 洋食(ようしょく)
양식
和食(わしょく)
일식
カレー
카레
ファストフード
패스트푸드
カルビ
갈비
| にしましょう。
(으)로 합시다.

17 | お茶(ちゃ)
차
コーヒー
커피
ステーキ
스테이크
| はどのようになさいますか。
은(는) 어떻게 드시겠습니까?

18 紅茶(こうちゃ) はどのようにいたしましょうか。
홍차 은(는) 어떻게 드릴까요?

コーヒー
커피

ステーキ
스테이크

19 朝食(ちょうしょく)は ┃ パン ┃ で済(す)ましている。
아침은 ┃ 빵 ┃ (으)로 때우고 있다.

ミルク
우유

サンドイッチ
샌드위치

目玉焼(めだまや)き
계란프라이와

トースト
토스트

シリアル
시리얼

20 食事(しょくじ) に行(い)きましょう。
식사하 러 갑시다.

外食(がいしょく)
외식하

簡単(かんたん)に食(た)べ
간단하게 먹으

軽(かる)く一杯(いっぱい)飲(の)み
가볍게 한 잔 마시

何(なに)か食(た)べ
뭔가 먹으

21 私(わたし)は、 ┃ ケーキに ┃ 目(め)がないんです。
나는 ┃ 케이크를 ┃ 너무 좋아합니다.

甘(あま)いものには
단 것은

これに
이걸

22 昼食(ちゅうしょく)はだいたい
점심은 대개

社員食堂(しゃいんしょくどう)
사원식당

家(いえ)
집

会社(かいしゃ)
회사

コンビニ
편의점

社食(しゃしょく)
사원식당

外(そと)
바깥

で食(た)べます。
에서 먹습니다.

23 この
이

辺(あた)り
주변

近(ちか)く
근처

辺(へん)
주변

周(まわ)り
주위

にレストランがありますか。
에 레스토랑이 있습니까?

24 お腹(なか)が
배가

すきました。
고픕니다.

ぺこぺこです。
무척 고픕니다.

一杯(いっぱい)です。
부릅니다.

すいていません。
고프지 않습니다.

25 昨夕(ゆうべ)は
어젯밤은

食(た)べすぎた。
너무 먹었다.

飲(の)みすぎた。
너무 마셨다.

26 さあ、
자,

お弁当(べんとう)を　食(た)べましょう。
도시락을　먹읍시다.

お昼(ひる)を
점심을

一緒(いっしょ)に
함께

27 どうも　ご馳走(ちそう)さまでした。
정말　잘 먹었습니다.

本当(ほんとう)に
정말로

夕食(ゆうしょく)、
저녁식사

28 たくさん　いただきました。
많이　먹었습니다.

じゅうぶん
충분히

おいしく
맛있게

お腹(なか)いっぱい
배불리

たっぷり
충분히

29 濃(こ)く　お願(ねが)いします。
진하게　부탁합니다.

濃(こ)いめで
좀 진하게

薄(うす)めで
좀 연하게

熱(あつ)めで
좀 뜨겁게

ぬるめで
좀 미지근하게

30 **お勧(すす)めのメニュー** | は何(なん)ですか。
추천메뉴 | 은(는) 무엇입니까?

お勧(すす)め料理(りょうり)
추천요리

今日(きょう)の日替(ひが)わりメニュー
오늘의 메뉴

本日(ほんじつ)の特別料理(とくべつりょうり)
오늘의 특별요리

すぐできる料理(りょうり)
금방 되는 음식

この店(みせ)で一番(いちばん)おいしいもの
이 가게에서 가장 맛있는 것

ここの自慢料理(じまんりょうり)
이곳의 자랑거리 요리

地元(じもと)の料理(りょうり)
이곳 향토음식

---

31 **この店(みせ)は** | **いつも混(こ)んでいます。**
이 가게는 | 항상 사람이 붐빕니다.

料理(りょうり)とサービスで有名(ゆうめい)です。
음식과 서비스로 유명합니다.

おいしいので、いつもお客(きゃく)さんでいっぱいです。
맛있어서 항상 손님으로 넘쳐납니다.

日本(にほん)からの客(きゃく)でいつも賑(にぎ)わっています。
일본에서 온 손님들로 항상 북적거립니다.

行(い)きつけの店(みせ)です。
단골집입니다.

こぢんまりした雰囲気(ふんいき)です。
오붓한 분위기입니다.

---

32 **今晩(こんばん)、** | **一杯(いっぱい)やりませんか。**
오늘밤 | 한 잔 안 할래요?

一杯(いっぱい)おごりますよ。
한 잔 내겠습니다.

私(わたし)がごちそうしたいんですが。
제가 맛있는 것을 사드리고 싶습니다만.

33 酒(さけ)を
술을

| 毎日(まいにち) |
| 매일 |
| 一日(いちにち)おきに |
| 하루걸러 |
| 週(しゅう)に三回(さんかい) |
| 일주일에 3번 |

飲(の)みます。
마십니다.

34

| 皆(みな)さんの健康(けんこう) |
| 모두의 건강 |
| 二人(ふたり)の幸(しあわ)せ |
| 두 사람의 행복 |
| 皆(みんな)の友情(ゆうじょう) |
| 모두의 우정 |
| 私(わたし)たちの友情(ゆうじょう) |
| 우리들의 우정 |
| 田中(たなか)さんの成功(せいこう) |
| 다나까 씨의 성공 |

に乾杯(かんぱい)!
을(를) 위해서 건배!

35

| ラーメン |
| 라면 |
| ビール |
| 맥주 |
| お茶(ちゃ) |
| 녹차 |
| お好(この)み焼(や)き |
| 오코노미야키 |
| キムチ |
| 김치 |

といえば
(이)라고 하면

| 北海道(ほっかいどう) |
| 홋카이도 |
| 札幌(さっぽろ) |
| 삿포로 |
| 静岡(しずおか) |
| 시즈오카 |
| 広島(ひろしま) |
| 히로시마 |
| 韓国(かんこく) |
| 한국 |

です。
입니다.

요리와 맛

맛은 어때요? 味はどうですか라는 물음에 とてもおいしいですよ도 좋지만, 甘い에서 にがい, 渋い에 이르기까지 다양한 형용사로 맛을 나타낼 수 있어야 한다. 대표적인 음식과 맛을 연결시켜 외우는 것도 좋은 방법이다. 음식을 요리하는 표현 중 조리하는 시간에 따라 ゆがく, ゆでる, 煮る, 煮込む, 煮つめる 등의 미묘한 차이도 꼼꼼히 알아두어야 하는데 우리말의 '데치다, 삶다, 끓이다, 푹 끓이다, 졸이다'이다.

Basic Expression

362 おいしそうですね。
맛있을 것 같군요.

363 味(あじ)がちょっと甘(あま)いですね。
맛이 조금 달군요.

364 私(わたし)にはちょっと甘(あま)すぎます。
나에게는 조금 답니다.

365 甘(あま)いものがお好(す)きなんですね。
단 것을 좋아하시는군요.

366 あっさりした食(た)べ物(もの)が好(す)きです。
산뜻한 음식을 좋아합니다.

367 このスープ、おいしいですね。
이 스프 맛있네요.

368 油濃(あぶらこ)くて口(くち)に合(あ)わないです。
기름져서 입에 맞지 않습니다.

369 豚(ぶた)のばら肉(にく)を600グラムください。
돼지고기 삼겹살 600그램 주세요.

370 その魚(さかな)をおろしてください。
그 생선을 저며 주세요.

371 しょうがはそのまま食(た)べると辛(から)いです。
생강은 그대로 먹으면 맵습니다.

372 細(こま)かく切(き)っておきました。
잘게 잘라 두었습니다.

373 それから水(みず)で洗(あら)ってください。
그리고 나서 물로 씻어주세요.

374 どのくらいほうれん草(そう)をゆがくんですか。
얼마나 시금치를 데치는 겁니까?

375 初(はじ)めてご飯(はん)を炊(た)きました。
처음으로 밥을 지었습니다.

376 塩(しお)を取(と)って。
소금을 집어줘요.

377 このお弁当(べんとう)をレンジでチンしてください。
이 도시락을 전자레인지로 데워주세요.

378 いつ薬味(やくみ)を入(い)れますか。
언제 양념을 넣습니까?

379 お茶(ちゃ)を入(い)れましょうか。
차를 준비할까요?

380 弱火(よわび)にかけて十分(じゅっぷん)ぐらい置(お)きます。
약한 불에 올려 10분 정도 둡니다.

381 いよいよ料理(りょうり)が出来上(できあ)がりました。
드디어 음식이 완성되었습니다.

01

おいし	そうですね。
맛있을	것 같군요.
甘(あま)	
달	
辛(から)	
매울	
うま	
맛있을	
にが	
쓸	

02 味(あじ)がちょっと

甘(あま)い	ですね。
달	군요.
辛(から)い	
맵	
渋(しぶ)い	
떫	
薄(うす)い	
싱겁	
濃(こ)い	
진하	

맛이 조금

03 私(わたし)にはちょっと

甘(あま)	すぎます。
답	니다.
辛(から)	
맵습	
塩辛(しおから)	
짭	
酸(す)っぱ	
십	
苦(にが)	
씁	

나에게는 조금 너무

04

甘(あま)い　단
辛(から)い　매운
酸(す)っぱい　신
あっさりした　산뜻한
さっぱりした　담백한

ものがお好(す)きなんですね。
것을 좋아하시는군요.

05

あっさりした食(た)べ物(もの)　산뜻한 음식
酸(す)っぱい食(た)べ物(もの)　신 음식
辛(から)い料理(りょうり)　매운 음식
さっぱりしたもの　담백한 음식
脂(あぶら)っこいもの　기름지고 느끼한 것
こってりしたもの　기름기가 있는 것

が好(す)きです。
을(를) 좋아합니다.

06　このスープ、　이 스프

おいしい　맛있
水(みず)っぽい　묽
薄(うす)い　싱겁
しょっぱい　짜
濃(こ)い　진하
まろやかでおいしい　부드럽고 맛있

ですね。
네요.

07

油濃(あぶらこ)くて
기름져서

辛(から)すぎて
너무 매워서

甘(あま)すぎて
너무 달아서

塩辛(しおから)くて
짜서

しょっぱくて
짜서

口(くち)に合(あ)わないです。
입에 맞지 않습니다.

08

豚(ぶた)のばら肉(にく)を600グラム
돼지고기 삼겹살 600그램

さんまを一皿(ひとさら)
꽁치를 한 접시

鮭(さけ)の切身(きりみ)を2枚(まい)
연어를 두 토막

ください。
주세요.

09

その魚(さかな)を
그 생선을

おろして
저며

5枚切(まいぎ)りにして
다섯 장으로 잘라

ください。
주세요.

10

しょうが
생강

ジャガイモ
감자

ごぼう
우엉

レモン
레몬

人参(にんじん)
인삼

はそのまま食(た)べると
은(는) 그대로 먹으면

辛(から)いです。
맵습니다.

固(かた)いです。
딱딱합니다.

渋(しぶ)いです。
떫습니다.

酸(す)っぱいです。
십니다.

苦(にが)いです。
씁니다.

11 細(こま)かく切(き)って　　おきました。
잘게 잘라　　　　　　　두었습니다.

小(ちい)さく切(き)って
작게 썰어

千切(せんぎ)りにして
채 썰어

みじん切(ぎ)りにして
잘게 다져

角切(かくぎ)りにして
깍둑썰기 해

ざく切(ぎ)りにして
큼직하게 썰어(야채)

輪切(わぎ)りにして
둥글게 썰어

ぶつ切(ぎ)りにして
크게 토막쳐

12 それから　　　水(みず)で洗(あら)って　　ください。
그리고 나서　　물로 씻어　　　　　　주세요.

塩(しお)を振(ふ)って
소금을 뿌려

醬油(しょうゆ)をかけて
간장을 쳐

水分(すいぶん)をとって
수분을 빼

水気(みずけ)を切(き)って
물기를 빼

皮(かわ)を剝(む)いて
껍질을 벗겨

火(ひ)にかけて
불에 올려

13 どのくらい
얼마나

> ほうれん草(そう)をゆがく　んですか。
> 시금치를 데치　　　　　　는 겁니까?
>
> 萌(も)やしを茹(ゆ)でる
> 콩나물을 삶
>
> じゃが芋(いも)を煮(に)る
> 감자를 졸이
>
> じゃが芋(いも)をふかす
> 감자를 찌
>
> 豆(まめ)を煮込(にこ)む
> 콩을 푹 삶
>
> 卵(たまご)を茹(ゆ)でる
> 계란을 삶
>
> 小麦粉(こむぎこ)を練(ね)る
> 밀가루를 반죽하

14 初(はじ)めて
처음으로

> ご飯(はん)を炊(た)きました。
> 밥을 지었습니다
>
> キムチを漬(つ)けました。
> 김치를 담갔습니다.
>
> 魚(さかな)を焼(や)きました。
> 생선을 구웠습니다.
>
> ピザを作(つく)りました。
> 피자를 만들었습니다.
>
> 弁当(べんとう)を作(つく)りました。
> 도시락을 쌌습니다.

15 塩(しお)
소금

こしょう
후추

砂糖(さとう)
설탕

ふりかけ
후리카케

> を取(と)って。
> 을(를) 집어줘요.

*ふりかけ는 음식에 뿌려먹는 양념으로 생선말린 조각이나 김, 해산물이 있다.

16 このお弁当(べんとう)をレンジで
이 도시락을 전자레인지로

チンして	ください。
데워	주세요.
温(あたた)めて	
데워	

17 いつ
언제

薬味(やくみ)を入(い)れますか。
양념을 넣습니까?

タレにつけますか。
양념에 재웁니까?

調味料(ちょうみりょう)を入(い)れますか。
조미료를 넣습니까?

砂糖(さとう)を入(い)れますか。
설탕을 넣습니까?

胡麻由(ごまあぶら)を入(い)れますか。
참기름을 넣습니까?

味(あじ)つけをしますか。
양념을 합니까?

18

お茶(ちゃ)を入(い)れ	ましょうか。
차를 준비할	까요?
お茶(ちゃ)を沸(わか)し	
차를 끓일	
コーヒーを入(い)れ	
커피를 끓일	
乾杯(かんぱい)し	
건배를 할	

19

弱火(よわび)	にかけて十分(じゅっぷん)ぐらい置(お)きます。
약한 불	에 올려 10분 정도 둡니다.
強火(つよび)	
강불	
中火(ちゅうび)	
중불	
火(ひ)	
불	

20 いよいよ
ドディ어

| 料理（りょうり）
음식

朝御飯（あさごはん）
아침밥

昼食（ちゅうしょく）
점심

デザート
디저트

夕食（ゆうしょく）
저녁식사

間食（かんしょく）
간식

が出来上（できあ）がりました。
이(가) 완성되었습니다.

주거와 집

일본의 행정구역인 都道府県을 살펴보면 東京都와 北海道, 大阪府, 京都府, 그리고 43개의 県으로 이루어져 있다. 큰 지역으로 나누면 東北, 中部, 関東, 関西, 近畿, 中国, 四国, 九州地方이며 각각의 市, 区, 町으로 세분화되어 있다. 주거형태는 단독주택 一戸建て와 이층집 二階立て, 목조건물인 서민의 주거인 アパート, 철근 콘크리트의 현대식 건물 マンション, 대규모 아파트단지 団地 등이 있다. 일본 집에는 다다미가 깔려 있고 床の間(예술품 등을 놓는 방안의 장식대), 押し入れ(붙박이 옷장), こたつ(방 가운데 있는 난방용 작은 테이블) 등이 있다.

Basic Expression

382 何区(なにく)に住(す)んでいますか。
무슨 구에 살고 있습니까?

383 どの市(し)にお住(す)まいですか。
어느 시에 사십니까?

384 どの地方(ちほう)にお住(す)まいですか。
어느 지방에 사십니까?

385 住(す)まいは錦糸町(きんしちょう)です。
사는 곳은 긴시초입니다.

386 北区(きたく)に住(す)んでいます。
기타구에 살고 있습니다.

387 東京都内(とうきょうとない)に住(す)んでいます。
도쿄도에 살고 있습니다.

388 ここから北(きた)の方(ほう)に住(す)んでいます。
여기서 북쪽에 살고 있습니다.

389 アパートに住(す)んでいます。
아파트에 살고 있습니다.

390 一人(ひとり)で住(す)んでいます。
혼자 살고 있습니다.

391 東京(とうきょう)から来(き)ました。
도쿄에서 왔습니다.

392 いいお住(す)まいですね。
좋은 집이군요.

393 素晴(すば)らしい家(いえ)ですね。
멋진 집이군요.

394 家(うち)は1LDKの部屋(へや)です。
우리집은 방 하나에 거실과 부엌과 응접실이 딸린 집입니다.

395 夫(おっと)は書斎(しょさい)にいます。
남편은 서재에 있습니다.

396 お客(きゃく)さんが居間(いま)にいらっしゃいます。
손님이 거실에 계십니다.

397 保証金(ほしょうきん)はいくらですか。
보증금은 얼마입니까?

398 この部屋(へや)は家賃(やちん)が安(やす)くて気(き)に入(い)りました。
이 방은 집세가 싸서 마음에 듭니다.

399 家(いえ)を買(か)うまで貯金(ちょきん)しなければなりません。
집을 사기까지 저축해야만 합니다.

400 ここでの生活(せいかつ)はだいぶ慣(な)れました。
이곳 생활은 꽤 익숙해졌습니다.

01

何区(なにく)	に住(す)んでいますか。
무슨 구	에 살고 있습니까?
何市(なにし)	
무슨 시	
どこ	
어디	
どこの国(くに)	
어느 나라	
どこの町(まち)	
어느 도시	
何番地(なんばんち)	
몇 번지	

02

どの市(し)	にお住(す)まいですか。
어느 시	에 사십니까?
どこ	
어디	
どちら	
어느	

03

どの地方(ちほう)	にお住(す)まいですか。
어느 지방	에 사십니까?
どこの町(まち)	
어느 마을	
どの県(けん)	
어느 현	
どちら国(くに)	
어느 나라	

04

住(す)まいは	錦糸町(きんしちょう)	です。
사는 곳은	긴시초	입니다.
	池袋(いけぶくろ)	
	이케부쿠로	
	横浜(よこはま)	
	요코하마	

05 北区（きたく）
기타구

千代田区（ちよだく）
치요다구

札幌市（さっぽろし）
삿포로시

埼玉県（さいたまけん）
사이타마현

横手町（よこてまち）
요코테 마을

に住（す）んでいます。
에 살고 있습니다.

06 東京都内（とうきょうとない）
도쿄도

東京近郊（とうきょうきんこう）
도쿄 근교

東京（とうきょう）の郊外（こうがい）
도쿄 외각

東京（とうきょう）の世田谷区（せたがやく）
도쿄 세타가야구

東京（とうきょう）の錦糸町（きんしちょう）
도쿄 긴시초

東京（とうきょう）の青梅市（おうめし）
도쿄 오우메시

に住（す）んでいます。
에 살고 있습니다.

07 ここから
여기서

北（きた）の方（ほう）
북쪽

電車（でんしゃ）で1時間（じかん）ぐらいのところ
전철로 한 시간 정도 거리

バスで十分（じゅっぷん）ぐらいのところ
버스로 한 시간 정도 거리

歩（ある）いて五分（ごふん）のところ
걸어서 5분 거리

に住（す）んでいます。
에 살고 있습니다.

08

アパート
아파트

マンション
맨션

一戸建(いっこだ)て
단독주택

公団住宅(こうだんじゅうたく)
공단주택

団地(だんち)
단지에

に住(す)んでいます。
에 살고 있습니다.

09

一人(ひとり)で
혼자

友(とも)だちと
친구랑

両親(りょうしん)と
부모님과

恋人(こいびと)と
애인과

家族(かぞく)と一緒(いっしょ)に
가족과 같이

寮(りょう)に
기숙사에

寄宿舎(きしゅくしゃ)に
기숙사에

ワンルームに
원룸에

住(す)んでいます。
살고 있습니다.

10

東京(とうきょう)
도쿄

九州(きゅうしゅう)
규슈

神奈川(かながわ)の小田原(おだわら)
가나가와 현의 오다와라

九州(きゅうしゅう)の熊本(くまもと)
규슈의 구마모토

から来(き)ました。
에서 왔습니다.

11 いい　｜お住(す)まい　です ね。
좋은　　집　　　이군요.
　　　　ところ
　　　　곳
　　　　お宅(たく)
　　　　댁
　　　　環境(かんきょう)
　　　　환경

12 素晴(すば)らしい　家(いえ)です ね。
멋진　　　　　　　集이군요.
すごい
굉장한
大(おお)きい
커다란
立派(りっぱ)な
훌륭한
広(ひろ)い
넓은

13 家(うち)は｜1LDKの部屋(へや)　です。
우리집은　방 하나에 거실과 부엌과 응접실이 딸린 집　입니다.
3LDKの新築(しんちく)のアパート
방 세 개와 주방과 거실이 딸린 신축아파트
一戸建(いっこだ)ての小(ちい)さい家(いえ)
작은 단독주택
庭付(にわつ)き一戸建(いっこだ)ての家(いえ)
정원이 딸린 단독주택
木造(もくぞう)2階建(かいだ)ての家(いえ)
목조 2층건물
3階(がい)の鉄筋(てっきん)コンクリートの家(いえ)
3층 철근 콘크리트집
2DKの狭(せま)いアパート
방 2개에 거실과 부엌이 딸린 좁은 아파트
純和風(じゅんわふう)の家(いえ)
일본식 가옥
洋風(ようふう)の家(いえ)
서양식 가옥

14 夫(おっと)は
남편은

書斎(しょさい) 서재
庭(にわ) 정원
車庫(しゃこ) 차고
寝室(しんしつ) 침실
ベランダ 베란다
屋上(おくじょう) 옥상
縁側(えんがわ) 툇마루

にいます。
에 있습니다.

15 お客(きゃく)さんが
손님이

居間(いま) 거실
応接間(おうせつま) 응접실
客間(きゃくま) 거실
玄関(げんかん) 현관
廊下(ろうか) 복도
お手洗(てあら)い 화장실

にいらっしゃいます。
에 계십니다.

16

保証金(ほしょうきん) 보증금
礼金(れいきん) 사례금
家賃(やちん) 집세
部屋代(へやだい) 방세 (집세)
電気代(でんきだい) 전기료

はいくらですか。
은(는) 얼마입니까?

17 この部屋(へや)は
이 방은

家賃(やちん)が安(やす)くて
집세가 싸서

日当(ひあ)たりがよくて
채광이 좋아서

駅(えき)から近(ちか)くて
역에서 가까워서

周(まわ)りが静(しず)かで
주위가 조용해서

交通(こうつう)が便利(べんり)で
교통이 편리해서

部屋(へや)が広(ひろ)くて
방이 넓어서

気(き)に入(い)りました。
마음에 듭니다.

18 家(いえ)を買(か)うまで
집을 사기까지

貯金(ちょきん)
저축

節約(せつやく)
절약

預金(よきん)
예금

しなければなりません。
해야만 합니다.

19 ここでの生活(せいかつ)はだいぶ
이곳 생활은 꽤

慣(な)れました。
익숙해졌습니다.

気(き)に入(い)っています。
마음에 듭니다.

楽(たの)しいです。
즐겁습니다.

大変(たいへん)です。
힘듭니다.

まあまあです。
그저 그렇습니다.

なかなか慣(な)れません。
좀처럼 익숙해지지 않습니다.

いい点(てん)もあれば、
悪(わる)い点(てん)もありますね。
좋은 점도 있고 나쁜 점도 있습니다.

가족과 친지

장유유서에 걸맞게 호칭과 경어를 쓰는 우리와 달리 자신의 가족, 친지는 자신의 범주로 보기 때문에 타인에게 말할 때에는 나이에 상관없이 모두 낮추어 부르는 것이 특징이다. 회화를 나누는 상대방에 따라서도 호칭이 달라져 자신이 직접 가족을 부를 때와 타인에게 소개할 때가 다르다. 또한 타인의 가족은 나이가 어리더라도 さん을 붙이고 존경어로 나타내는 것이 예의 있는 표현이 된다.

Basic Expression

401 ご家族(かぞく)にお変(か)わりありませんか。
가족분들에게 별고 없으십니까?

402 ご家族(かぞく)の皆(みな)さんは、お元気(げんき)ですか。
가족 여러분들은 잘 지내십니까?

403 子供(こども)は何人(なんにん)ですか。
자녀는 몇 명입니까?

404 5人(にん)家族(かぞく)です。
가족이 5명입니다.

405 弟(おとうと)が一人(ひとり)います。
남동생이 한 명 있습니다.

406 娘(むすめ)が一人(ひとり)います。
딸이 하나 있습니다.

407 木村(きむら)さんは末(すえ)っ子(こ)です。
기무라 씨는 막내입니다.

408 家内(かない)を紹介(しょうかい)します。
아내를 소개하겠습니다.

409 お祖父(じい)さん、お元気(げんき)ですか。
할아버지, 안녕하세요?

410 今日(きょう)、親戚(しんせき)の結婚式(けっこんしき)がありました。
오늘 친척 결혼식이 있었습니다.

411 ご家族(かぞく)によろしくお伝(つた)えください。
가족분들에게 안부를 전해주세요.

　리듬에 맞춰 따라 말해보세요.

01

ご家族(かぞく)
가족분들
ご両親(りょうしん)
부모님
お母(かあ)さん
어머님
子供(こども)さんたち
자녀분들

にお変(か)わりありませんか。
에게 별고 없으십니까?

02　ご家族(かぞく)の皆(みな)さんは、
가족 여러분들은

お元気(げんき)ですか。
잘 지내십니까?

お元気(げんき)でいらっしゃいますか。
잘 지내시고 계십니까?

いかがお過(す)ごしですか。
어떻게 지내십니까?

どう過(す)ごしていらっしゃいますか。
어떻게 지내고 계십니까?

お変(か)わりありませんか。
별고 없으십니까?

お変(か)わりありませんでしょうか。
별고 없으신지요?

相変(あいか)わらずでいらっしゃる
でしょう。
별고 없이 계시겠지요?

03

子供(こども)
자녀
兄弟(きょうだい)
형제
お子(こ)さん
자제분
孫(まご)
손자

は何人(なんにん)ですか。
은(는) 몇 명입니까?

04 5人(にん)家族(かぞく)　です。
가족이 5명　입니다.

6人(にん)家族(かぞく)
가족이 6명

4人(にん)家族(かぞく)
4인 가족

3人(にん)兄弟(きょうだい)
삼형제(남매)

3人(にん)姉妹(しまい)
세 자매

05 弟(おとうと)　が一人(ひとり)います。
남동생　이(가) 한 명 있습니다.

姉(あね)
언니(누나)

妹(いもうと)
여동생

兄(あに)
오빠(형)

従兄(いとこ)
사촌

06 娘(むすめ)　が一人(ひとり)います。
딸　이(가) 하나 있습니다.

息子(むすこ)
아들

子供(こども)
아이

孫(まご)
손자(손녀)

甥(おい)
조카

赤(あか)ちゃん
갓난아이

07 木村(きむら)さんは
기무라 씨는

末(すえ)っ子(こ)	です。
막내	입니다.
一人(ひとり)っ子(こ)	
외동아들(딸)	
長男(ちょうなん)	
장남	
次男(じなん)	
차남	
長女(ちょうじょ)	
장녀	
双子(ふたご)	
쌍둥이	

08

家内(かない)	を紹介(しょうかい)します。
아내	을(를) 소개하겠습니다.
妻(つま)	
아내	
主人(しゅじん)	
남편	
夫(おっと)	
남편	
妹(いもうと)	
여동생	
姪(めい)	
조카(여자)	

09

お祖父(じい)さん、	お元気(げんき)ですか。
할아버지,	안녕하세요?
お祖母(ばあ)さん、	
할머니,	
叔父(おじ)さん、	
작은삼촌(외삼촌),	
伯父(おじ)さん、	
큰삼촌(외삼촌),	
叔母(おば)さん、	
작은고모(이모, 숙모),	
伯母(おば)さん、	
큰고모(이모, 숙모),	

10 今日(きょう)、 ┃ 親戚(しんせき) ┃ の結婚式(けっこんしき)がありました。
　　오늘　　　　친척　　　　　　결혼식이 있었습니다.
　　　　　　　　従兄(いとこ)
　　　　　　　　사촌
　　　　　　　　妹(いもうと)
　　　　　　　　여동생
　　　　　　　　叔父(おじ)
　　　　　　　　삼촌
　　　　　　　　甥(おい)
　　　　　　　　조카
　　　　　　　　孫娘(まごむすめ)
　　　　　　　　손녀

11 ┃ ご家族(かぞく) ┃ によろしくお伝(った)えください。
　　가족분들　　　　께(에게) 안부를 전해주세요.
　　ご両親(りょうしん)
　　부모님
　　奥(おく)さん
　　사모님
　　お母(かあ)さん
　　어머님
　　お父(とう)さん
　　아버님
　　ご主人(しゅじん)
　　남편분

사랑과 결혼

나를 좋아하느냐, 어떻게 생각하느냐는 질문에는 私のこと를 사용하여 전반적인 나에 대해 묻는다. 첫사랑 初恋, 데이트 デート, 첫눈에 반함 一目惚れ, 연애 恋愛, 실연 失恋 등도 사랑이 관한 단어이니 잘 익혀두고, 좋아하는 타입 好きなタイプ과 이상형 理想の人에 대한 여러 표현들도 익히도록 하자. 참고로 결혼했다라는 표현은 結婚している이며 結婚した는 결혼한 적이 있었고 지금은 싱글이라는 과거형 표현이 된다.

Basic Expression

412 私(わたし)のことどう思(おも)いますか。
나를 어떻게 생각합니까?

413 楽天的(らくてんてき)な人(ひと)が好(す)きです。
낙천적인 사람을 좋아합니다.

414 可愛(かわい)い子(こ)が好(す)きだ。
귀여운 아이를 좋아해.

415 頼(たよ)りがいのある男性(だんせい)がいいです。
의지가 되는 남자가 좋습니다.

416 明(あか)るくてホッとできる女性(じょせい)がいいです。
밝고 편안해지는 여자가 좋습니다.

417 家庭的(かていてき)で女(おんな)らしい人(ひと)が僕(ぼく)のタイプです。
가정적이고 여성스러운 사람이 제 타입입니다.

418 家庭的(かていてき)な人(ひと)が好(この)みです。
가정적인 사람이 제 취향입니다.

419 素敵(すてき)な人(ひと)だと思(おも)います。
멋진 사람이라고 생각합니다.

420 今(いま)アタック中(ちゅう)です。
지금 도전하는 중입니다.

421 彼氏(かれし)、いますか。
남자친구가 있습니까?

422 最近(さいきん)別(わか)れたばかりです。
최근 헤어진 지 얼마 안 됐습니다.

423 恋人(こいびと)いない歴(れき)、3年(ねん)です。
3년째 애인이 없습니다.

424 私(わたし)も会(あ)いたかったです。
나도 보고 싶었습니다.

425 デートはよかったです。
데이트는 좋았습니다.

426 あの二人(ふたり)、ピッタリですね。
그 둘은 딱 어울리네요.

427 けんかはめったにしません。
싸움은 좀처럼 안 합니다.

428 1年前(ねんまえ)から連絡(れんらく)をしていません。
1년 전부터 연락을 안 합니다.

429 結局(けっきょく)別(わか)れました。
결국 헤어졌습니다.

430 彼女(かのじょ)と別(わか)れて、とても寂(さび)しいです。
그녀와 헤어져서 매우 외롭습니다.

431 ごめんなさい。まだ結婚(けっこん)したくないんです。
미안합니다. 아직 결혼하고 싶지 않습니다.

432 僕(ぼく)と結婚(けっこん)してください。
저와 결혼해 주십시오.

433 結婚(けっこん)するつもりです。
결혼할 작정입니다.

434 どうかお幸(しあわ)せに。
부디 행복하세요.

435 結婚(けっこん)して5年(ねん)になります。
결혼한 지 5년이 됩니다.

01 私(わたし)のこと
나를

どう思(おも)いますか。
어떻게 생각합니까?

好(す)きですか。
좋아합니까?

02 楽天的(らくてんてき)な
낙천적인

ユーモアがある
유머가 있는

世話好(せわず)きな
사람을 잘 보살피는

家庭的(かていてき)な
가정적인

リーダータイプの
리더십이 있는

妹(いもうと)タイプの
여동생 타입을

頼(たよ)れるタイプの
의지할 수 있는

優(やさ)しくて頼(たの)もしい
상냥하고 의지가 되는

人(ひと)が好(す)きです。
사람을 좋아합니다.

03 可愛(かわい)い子(こ)
귀여운 아이

チャーミングな子(こ)
매력적인 아이

優(やさ)しい子(こ)
상냥한 아이

が好(す)きだ。
을(를) 좋아해.

04 頼(たよ)りがいのある
미더운

性格(せいかく)がいい
성격이 좋은

優(やさ)しくて責任感(せきにんかん)がある
상냥하고 책임감이 있는

経済力(けいざいりょく)がある
경제력이 있는

何(なん)でも理解(りかい)してくれる
뭐든지 이해해주는

お互(たが)いに尊重(そんちょう)し合(あ)える
서로가 존중할 수 있는

そばにいて安心(あんしん)できる
옆에 있어 안심할 수 있는

家庭(かてい)を大事(だいじ)にする
가정을 소중히 여기는

包容力(ほうようりょく)のある人
포용력이 있는

尊敬(そんけい)できる
존경할 수 있는

男性(だんせい)がいいです。
남자가 좋습니다.

05 明(あか)るくてホッとできる
밝고 편안해지는

愛嬌(あいきょう)があって、かわいい
애교가 있고 귀여운

ずっと一緒(いっしょ)にいても飽(あ)きない
계속 같이 있어도 질리지 않는

守(まも)ってあげたくなる
보호해 주고 싶은

何(なん)でも気(き)が付(つ)いて、
やってくれる
뭐든지 알아서 해주는

親切(しんせつ)で思(おも)いやりがある
친절하고 배려심이 있는

痩(や)せていてきれいで、賢(かしこ)い
마르고 예쁘고 현명한

女性(じょせい)がいいです。
여자가 좋습니다.

06 家庭的(かていてき)で女(おんな)らしい
가정적이고 여성스러운

セクシーな
섹시한

スタイルの良(よ)い
몸매의 균형이 잘 잡힌

知的(ちてき)で品(ひん)のある
지적이고 품위가 있는

人(ひと)が僕(ぼく)のタイプです。
사람이 제 타입입니다.

07 家庭的(かていてき)な人(ひと)が
가정적인 사람이(을)

好(この)みです。
제 취향입니다.

好(す)きです。
좋아합니다.

いいです。
좋습니다.

私(わたし)のタイプです。
제 타입입니다.

私(わたし)のスタイルです。
제 스타일입니다.

08 素敵(すてき)な人(ひと)
멋진 사람

素晴(すば)らしい人(ひと)
멋진 사람

尊敬(そんけい)できる方(かた)
존경할 수 있는 분

だと思(おも)います。
이라고 생각합니다.

09 今(いま)
지금

アタック中(ちゅう)
도전하는 중

フリー
싱글

恋人募集中(こいびとぼしゅうちゅう)
애인이 없어 모집 중

です。
입니다.

10 | 彼氏(かれし)、 | いますか。
남자친구가 | 있습니까?

彼女(かのじょ)
여자친구

ボーイフレンド
보이프렌드

ガールフレンド
걸프렌드

恋人(こいびと)
애인

11 最近(さいきん) | 別(わか)れた | ばかりです。
최근 | 헤어진 | 지 얼마 안 됐습니다.

付(つ)き合(あ)った
사귄

出会(であ)った
만난

紹介(しょうかい)された
소개받은

12 恋人(こいびと)いない歴(れき)、 | 3年(ねん) | です。
애인이 없은 지 | 3년 | 입니다.

27年(ねん)
27년

三ヶ月(さんかげつ)
3개월

半年(はんとし)
반년

13 私(わたし)も | 会(あ)いたかったです。
나도 | 보고 싶었습니다.

本当(ほんとう)に
정말로

死(し)ぬほど
죽을 만큼

とても
매우

ずっと
쭉

14 デートは
데이트는

> よかったです。
> 좋았습니다.
>
> つまらなかったです。
> 재미없었습니다.
>
> 疲(つか)れました。
> 피곤했습니다.
>
> 散々(さんざん)でした。
> 망쳤습니다.
>
> 退屈(たいくつ)でした。
> 지루했습니다.
>
> まあまあでした。
> 그저 그랬습니다.

15 あの二人(ふたり)、
그 둘은

> ピッタリですね。
> 딱 어울리네요.
>
> よくお似合(にあ)いですよ。
> 잘 어울립니다.
>
> 差(さ)があり過(す)ぎますよ。
> 차이가 너무 납니다.
>
> 月(つき)とすっぽんですね。
> 천양지차입니다.

16 けんかは
싸움은

> めったにしません。
> 좀처럼 안 합니다.
>
> あまりしません。
> 별로 안 합니다.
>
> よくします。
> 자주 합니다.
>
> 時々(ときどき)します。
> 때때로 합니다.
>
> たまにします。
> 가끔 합니다.
>
> まだしません。
> 아직 안 했습니다.

17 1年前(ねんまえ)から
1년 전부터

連絡(れんらく)をしていません。
연락을 안 합니다.

連絡(れんらく)を取(と)っていません。
연락을 안 합니다.

連絡(れんらく)が途絶(とぎれ)てしまいました。
연락이 끊어져버렸습니다.

手紙(てがみ)のやりとりだけです。
편지를 주고받을 뿐입니다.

イーメールでやり取(と)りをしています。
이메일로 연락을 주고받습니다.

あまり連絡(れんらく)しなくなりました。
별로 연락을 안 하게 되었습니다.

18 結局(けっきょく)
결국

さっぱりと
깨끗이

きっぱりと
단호히

いろいろ悩(なや)んだ末(すえ)、
여러모로 고민한 끝에

別(わか)れました。
헤어졌습니다.

19 彼女(かのじょ)と別(わか)れて、
그녀와 헤어져서

とても寂(さみ)しいです。
매우 외롭습니다.

悲(かな)しいです。
슬픕니다.

つまらなくなりました。
심심해졌습니다.

とても辛(つら)くてたまりません。
너무나 괴롭습니다.

せいせいしています。
기분이 후련합니다.

20 ごめんなさい。
미안합니다.

まだ結婚(けっこん)したくないんです。
아직 결혼하고 싶지 않습니다.

他(ほか)に好(す)きな人(ひと)がいるんです。
따로 좋아하는 사람이 있습니다.

結婚(けっこん)を考(かんが)えている人(ひと)がいるから。
결혼을 생각하는 사람이 있으니까요.

やっぱりあなたとは一緒(いっしょ)になれません。
역시 당신과는 결혼할 수 없습니다.

君(きみ)とはずっと友(とも)だちでいたいんだ。
너와 계속 친구로 지내고 싶어.

まだ結婚(けっこん)は考(かんが)えていません。
아직 결혼은 생각하지 않습니다.

21 僕(ぼく)と
저와

結婚(けっこん)して
결혼해

一緒(いっしょ)になって
결혼해

ください。
주십시오.

22 結婚(けっこん)
결혼

するつもりです。
할 작정입니다.

する予定(よてい)です。
할 예정입니다.

しようと思(おも)っています。
하려고 합니다.

しないつもりです。
안 할 생각입니다.

するつもりはありません。
할 생각은 없습니다.

したくありません。
하고 싶지 않습니다.

23 どうか
부디

いつまでも
언제까지나

お幸(しあわ)せに。
행복하세요.

24 結婚(けっこん)して
결혼한 지

5年(ねん)
5년

20年(ねん)
20년

半年(はんとし)
반년

六ヶ月(ろっかげつ)
6개월

になります。
이 됩니다.

Unit 22 학교와 공부

출신학교를 물을 때에는 出身校はどちらですか, どこの大学を出ましたかと 하고, 학년을 물을 때에는 何年生ですか라고 한다. 대답은 ~大学を出ました, ~大学出身です, ~年生です로 답한다. 児童는 초등학생을, 生徒는 중고생, 学生는 대학생 이상을 가리키며, 大学은 일반적인 4년제 대학교, 短期大学 우리의 전문대학, 専門学校는 전문학원이다. 部는 대회참가 등 サークル보다 본격적인 과외활동 모임으로 고등학교 때까지는 部활동을 하고 대학교에 진학하여 サークル나 クラブ에 가입한다.

Basic Expression

436 明治大学(めいじだいがく)出身(しゅっしん)です。
메이지대 출신입니다.

437 名古屋(なごや)にある大学(だいがく)を出(で)ました。
나고야에 있는 대학을 나왔습니다.

438 大学(だいがく)2年生(ねんせい)です。
대학교 2학년입니다.

439 大学(だいがく)では社会学(しゃかいがく)を勉強(べんきょう)しました。
대학에서는 사회학을 공부했습니다.

440 教育学(きょういくがく)を専攻(せんこう)しました。
교육학을 전공했습니다.

441 専攻(せんこう)は国文学(こくぶんがく)です。
전공은 국문학입니다.

442 卒業(そつぎょう)したら就職(しゅうしょく)するつもりです。
졸업하면 취직할 작정입니다.

443 テニスサークルに入(はい)っています。
테니스동아리에 들어 있습니다.

444 茶道部(さどうぶ)に入(はい)っています。
다도부에 들어 있습니다.

445 一夜漬(いちやづ)けで勉強(べんきょう)しました。
벼락치기로 공부했습니다.

446 一生懸命(いっしょうけんめい)やっています。
열심히 하고 있습니다.

447 試験(しけん)はとても難(むずか)しかったです。
시험은 아주 어려웠습니다.

448 試験(しけん)に受(う)かりました。
시험에 붙었습니다.

449 試験(しけん)は合格(ごうかく)しました。
시험은 합격했습니다.

450 今度(こんど)の試験(しけん)はうまくいったと思(おも)います。
이번 시험은 잘 치른 것 같습니다.

451 明日(あした)から期末試験(きまつしけん)です。
내일부터 기말시험입니다.

452 どこで勉強(べんきょう)するんですか。
어디에서 공부합니까?

453 夏休(なつやす)みは十日(とおか)から始(はじ)まるそうだ。
여름방학은 10일부터 시작된다고 한다.

454 日本語(にほんご)はあまり面白(おもしろ)くありません。
일본어는 그다지 재미있지 않습니다.

455 日本語(にほんご)はあまりできません。
일본어는 별로 못 합니다.

456 では、出席(しゅっせき)を取(と)ります。
그럼 출석을 부르겠습니다.

457 やっと修士号(しゅうしごう)を取(と)りました。
드디어 석사학위를 땄습니다.

458 日本語(にほんご)を勉強(べんきょう)するために日本(にほん)に来(き)ました。
일본어를 공부하기 위해 일본에 왔습니다.

459 皆(みな)さん、大(おお)きな声(こえ)で読(よ)んでください。
여러분, 큰 소리로 읽어주세요.

460 黒板(こくばん)をよく見(み)てください。
칠판을 잘 봐주세요.

461 20に40を足(た)すと、何(なん)になりますか。
20에 40을 더하면 몇이 됩니까?

462 先生(せんせい)にひどく叱(しか)られました。
선생님에게 심하게 혼났습니다.

Pattern Drill　리듬에 맞춰 따라 말해보세요.

01

明治大学(めいじだいがく) 메이지대	出身(しゅっしん)です。 출신입니다.
早稲田大学(わせだだいがく) 와세다대	
お茶(ちゃ)の水(みず)大学(だいがく) 오차노미즈대	
青山学院(あおやまがくいん) 아오야마대	
東大(とうだい) 도쿄대	

02

名古屋(なごや) 나고야	にある 에 있는	大学(だいがく) 대학	を出(で)ました。 을(를) 나왔습니다.
世田谷(せたがや) 세타가야		小学校(しょうがっこう) 초등학교	
八代市内(やつしろしない) 야츠시로 시내		中学(ちゅうがく) 중학교	
京都(きょうと) 교토		短大(たんだい) 전문대학	

03

大学(だいがく) 대학교	2年生(ねんせい)です。 2학년입니다.
高校(こうこう) 고등학교	
中学(ちゅうがく) 중학교	
小学校(しょうがっこう) 초등학교	

04

大学(だいがく)では 대학에서는	社会学(しゃかいがく) 사회학	を勉強(べんきょう)しました。 을(를) 공부했습니다.
	哲学(てつがく) 철학	
	心理学(しんりがく) 심리학	

政治学(せいじがく)
정치학

経済学(けいざいがく)
경제학

人文学(じんぶんがく)
인문학

05 教育学(きょういくがく)　を専攻(せんこう)しました。
교육학　을(를) 전공했습니다.

生物学(せいぶつがく)
생물학

医学(いがく)
의학

英文学(えいぶんがく)
영문학

06 専攻(せんこう)は　国文学(こくぶんがく)　です。
전공은　국문학　입니다.

物理学(ぶつりがく)
물리학

経済学(けいざいがく)
경제학

機械工学(きかいこうがく)
기계공학

日本文学(にほんぶんがく)
일본문학

07 卒業(そつぎょう)したら　就職(しゅうしょく)　するつもりです。
졸업하면　취직　할 작정입니다.

進学(しんがく)
진학

大学(だいがく)に進学(しんがく)
대학에 진학

留学(りゅうがく)
유학

フリーターでも
아르바이트라도
ぶらぶら
빈둥거릴

08

テニス
테니스
マンドリン
만도린
ギター
기타
手芸(しゅげい)
수예

サークルに入(はい)っています。
동아리에 들어 있습니다.

09

茶道(さどう)
다도
剣道(けんどう)
검도
陸上(りくじょう)
육상
合唱(がっしょう)
합창
吹奏(すいそう)
취주악

部(ぶ)に入(はい)っています。
부에 들어 있습니다.

10

一夜漬(いちやづ)けで
벼락치기로
徹夜(てつや)して
밤을 새워
計画(けいかく)を立(た)てて
계획을 세워
毎日(まいにち)一生懸命(いっしょうけんめい)
매일 열심히
引(ひ)きこもって
틀어박혀서

勉強(べんきょう)しました。
공부했습니다.

11 一生懸命(いっしょうけんめい) やっています。
열심히 하고 있습니다.

全力(ぜんりょく)で
전력으로

精一杯(せいいっぱい)
힘껏

私(わたし)なりに
저 나름대로

集中(しゅうちゅう)して
집중해서

12 試験(しけん)は とても 難(むずか)しかったです。
시험은 아주 어려웠습니다.

思(おも)ったより
생각보다

なかなか
상당히

やはり
역시나

本当(ほんとう)に
정말로

13 試験(しけん)に 受(う)かりました。
시험에 붙었습니다.

合格(ごうかく)しました。
합격했습니다.

落(お)ちました。
떨어졌습니다.

失敗(しっぱい)しました。
실패했습니다.

14 試験(しけん)は 合格(ごうかく)しました。
시험은 합격했습니다.

駄目(だめ)でした。
안 됐습니다.

散々(さんざん)でした。
망쳤습니다.

大丈夫(だいじょうぶ)でした。
괜찮았습니다.

絶望的(ぜつぼうてき)です。
절망적입니다.

ひどかったです。
망쳤습니다.

予想外(よそうがい)でした。
예상외였습니다.

全滅(ぜんめつ)でした。
전멸이었습니다.

まあまあでした。
그저 그랬습니다.

さっぱりわかりませんでした。
도무지 알 수 없었습니다.

15 今度(こんど)の試験(しけん)は
이번 시험은

うまくいったと思(おも)います。
잘 치른 것 같습니다.

思(おも)ったより優(やさ)しかったです。
생각보다 쉬웠습니다.

山(やま)が当(あ)たりました。
예상이 적중했습니다.

とても簡単(かんたん)でした。
아주 쉬웠습니다.

16 明日(あした)から
내일부터

期末試験(きまつしけん)
기말시험

です。
입니다.

中間(ちゅうかん)テスト
중간고사

夏休(なつやす)み
여름방학

冬休(ふゆやす)み
겨울방학

春休(はるやす)み
봄방학

17 どこで **勉強(べんきょう)するんですか。**
어디에서　공부합니까?

どうして
왜

なぜ
왜

なんで
왜

---

18 夏休(なつやす)みは十日(とおか)から始(はじ)まる
여름방학은 10일부터 시작된

そうだ。
다고 한다.

といいます。
다고 합니다.

ということです。
다고 합니다.

という話(はなし)だ。
다고 한다.

とのことだ。
다고 한다.

と言(い)われている。
다고 한다.

んだって。
대.

んですって。
대요.

---

19 日本語(にほんご)はあまり
일본어는 그다지

面白(おもしろ)く
재미있지

易(やさ)しく
쉽지

難(むずか)しく
어렵지

楽(たの)しく
즐겁지

ありません。
않습니다.

20 日本語(にほんご)は
일본어는

| あまり |
| 별로 |
| 全然(ぜんぜん) |
| 전혀 |
| 全(まった)く |
| 전혀 |
| 少(すこ)しも |
| 조금도 |
| 片言(かたこと)も |
| 한 마디도 |

できません。
못 합니다.

21 では、
그럼

| 出席(しゅっせき)を取(と)り |
| 출석을 부르 |
| 授業(じゅぎょう)を始(はじ)め |
| 수업을 시작하 |
| 授業(じゅぎょう)を終(お)え |
| 수업을 끝내 |
| 質問(しつもん)し |
| 질문하 |
| 宿題(しゅくだい)を出(だ)し |
| 숙제를 내 |
| 宿題(しゅくだい)を集(あつ)め |
| 숙제를 걷 |

ます。
겠습니다.

22 やっと
드디어

| 修士号(しゅうしごう) |
| 석사학위 |
| 博士号(はかせごう) |
| 박사학위 |
| 学位(がくい) |
| 학위 |
| 医師免許(いしめんきょ) |
| 의사면허 |
| ライセンス |
| 라이센스 |
| 弁護士(べんごし)の資格(しかく) |
| 변호사 자격 |

を取(と)りました。
을(를) 땄습니다.

23 日本語(にほんご) を勉強(べんきょう)するために日本(にほん)に来(き)ました。
일본어　　　　　을(를) 공부하기 위해 일본에 왔습니다.

美術(びじゅつ)
미술

デザイン
디자인

---

24 皆(みな)さん、　大(おお)きな声(こえ)で読(よ)んで　　　ください。
여러분,　　　큰 소리로　읽어　　　　　　　　주세요.

続(つづ)いて読(よ)んで
따라서 읽어

教科書(きょうかしょ)を開(ひら)いて
교과서를 펼쳐

90ページを見(み)て
90페이지를 봐

レポートを出(だ)して
리포트를 내

ノートに書(か)いて
노트에 적어

手(て)を挙(あ)げて
손을 들어

質問(しつもん)をして
질문을 해

返事(へんじ)をして
대답을 해

ちゃんと答(こた)えて
똑바로 대답해

ポイントを押(お)さえて
포인트를 잡아

ポイントをつかんで
요점을 파악해

前(まえ)に出(で)て
앞으로 나와

25 黒板(こくばん)をよく見(み)て　　　ください。
칠판을 잘 봐　　　주세요

10ページまで読(よ)んで
10페이지를 읽어

よく読(よ)んでから答(こた)えて
잘 읽고 나서 대답해

このテープをよく聞(き)いて
이 테이프를 잘 들어

本(ほん)を開(あ)けて
책을 펴

内容(ないよう)を覚(おぼ)えて
내용을 외워

一緒(いっしょ)に読(よ)んで
같이 읽어

よく聞(き)いて
잘 들어

よく見(み)て
잘 봐

26 20に40を足(た)す　　　と、何(なん)になりますか。
20에 40을 더하　　　면 몇이 됩니까?

100から30を引(ひ)く
100에서 30을 빼

40に10をかける
40에 10을 곱하

90を5で割(わ)る
90을 5로 나누

27 先生(せんせい)に　ひどく　叱(しか)られました。
선생님에게　심하게　혼났습니다.

さんざん
심하게

こっぴどく
호되게

취미와 여가

서로의 관심사를 드러내고 상대방과의 벽을 허물어 친해지는 계기를 만들 수 있는 것이 취미와 여가표현이다.
ご趣味は何ですか, 何かご趣味がありますかで 질문하면 ~が趣味です, ~が好きです, ~に興味があります
등으로 대답하면 된다. 독서 読書, 음악 音楽, 영화 映画, 공연 公演, 등산 山登り 등 취미관련용어를 익히고,
に夢中だ, ~に凝っている, ~にはまっている 등 취미에 빠져 있다는 표현들도 익히도록 하자.

Basic Expression

463 私(わたし)の趣味(しゅみ)は読書(どくしょ)です。
제 취미는 독서입니다.

464 映画(えいが)を見(み)るのが趣味(しゅみ)です。
영화를 보는 것이 취미입니다.

665 日本語(にほんご)に興味(きょうみ)があります。
일본어에 흥미가 있습니다.

466 いろんな分野(ぶんや)に関心(かんしん)があります。
여러 분야에 관심이 있습니다.

467 ピアノを習(なら)っています。
피아노를 배우고 있습니다.

468 生(い)け花(ばな)に凝(こ)っています。
꽃꽂이에 빠졌습니다.

469 このごろ韓流(かんりゅう)に夢中(むちゅう)です。
요새 한류에 푹 빠졌습니다.

470 骨董品(こっとうひん)集(あつ)めに興味(きょうみ)があります。
골동품수집에 흥미가 있습니다.

471 英会話(えいかいわ)クラブに入(はい)っています。
영어회화서클에 들어 있습니다.

472 このごろゴルフに夢中(むちゅう)です。
요즘 골프에 푹 빠졌습니다.

473 ジムに通(かよ)っています。
체육관에 다니고 있습니다.

474 語学(ごがく)の勉強(べんきょう)をしています。
어학공부를 하고 있습니다.

475 料理(りょうり)が得意(とくい)です。
요리를 잘합니다.

476 エッセイをよく読(よ)みます。
에세이를 잘 읽습니다.

477 月(つき)に2回(かい)ぐらい映画(えいが)を見(み)に行(い)きます。
한 달에 2번 정도 영화를 보러갑니다.

478 スポーツ番組(ばんぐみ)をよく見(み)ます。
스포츠 프로그램을 잘 봅니다.

479 コメディー映画(えいが)が見(み)たいです。
코미디영화를 보고 싶습니다.

480 家族(かぞく)ものがいいです。
가족물을 좋아합니다.

481 日本語(にほんご)って面白(おもしろ)いです。
일본어는 재미있습니다.

482 なかなかの文学通(ぶんがくつう)ですね。
상당한 문학전문가이군요.

483 スポーツは好(す)きです。
스포츠는 좋아합니다.

484 クロールなら100メートルぐらい泳(およ)げます。
자유형이라면 100미터 정도 헤엄칠 수 있습니다.

485 暇(ひま)な時(とき)はインターネットを見(み)ます。
시간여유가 있을 때는 인터넷을 봅니다.

486 仕事(しごと)のあと他(ほか)のアルバイトをします。
일이 끝나고 다른 아르바이트를 합니다.

487 このごろ、ぶらぶらしています。
요즘 빈둥거립니다.

488 一日中(いちにちじゅう)ごろごろしています。
하루 종일 빈둥거립니다.

01　私(わたし)の趣味(しゅみ)は　　　　　　　です。
제 취미는　　　　　　　　　　　　　　　입니다.

読書(どくしょ)
독서

テニス
테니스

ガーデニング
정원 꾸미기

山登(やまのぼ)り
등산

釣(つ)り
낚시

料理(りょうり)
요리

旅行(りょこう)
여행

02　映画(えいが)を見(み)る　　　　のが趣味(しゅみ)です。
영화를 보는　　　　　　　　　　것이 취미입니다.

写真(しゃしん)を撮(と)る
사진을 찍는

歌(うた)を歌(うた)う
노래를 부르는

絵(え)を描(か)く
그림을 그리는

釣(つ)りをする
낚시를 하는

山(やま)に登(のぼ)る
등산을 하는

テレビを見(み)る
텔레비전을 보는

ショッピングをする
쇼핑을 하는

買(か)い物(もの)をする
쇼핑을 하는

03

日本語(にほんご)
일본어

いろんな楽器(がっき)
여러 악기

アンティークな物(もの)
고풍스런 물건

韓国のドラマや映画(えいが)
한국 드라마나 영화

に興味(きょうみ)があります。
에 흥미가 있습니다.

04

いろんな分野(ぶんや)
여러 분야

株(かぶ)
주식

今(いま)流行(はや)りのヨガ
요즘 유행하는 요가

何(なん)といっても、ダイエット
뭐니 뭐니 해도 다이어트

子供(こども)の教育(きょういく)
아이 교육

財(ざい)テクに
재테크

私(わたし)は今(いま)韓流(かんりゅう)
나는 요새 한류

に関心(かんしん)があります。
에 관심이 있습니다.

05

ピアノ
피아노

英語(えいご)
영어

水泳(すいえい)
수영

英会話(えいかいわ)
영어회화

スキューバーダイビング
스쿠버 다이빙

風水学(ふうすいがく)
풍수학

を習(なら)っています。
을(를) 배우고 있습니다.

06
生(い)け花(ばな)
꽃꽂이

人形作(にんぎょうづく)り
인형 만들기

ガーデニング
정원 가꾸기

日本画(にほんが)
일본화

オークション
경매

韓国料理(かんこくりょうり)
한국음식

韓国(かんこく)の映画(えいが)やドラマ
한국영화나 드라마

に凝(こ)っています。
에 빠졌습니다.

07 このごろ韓流(かんりゅう)に
요새 한류에

夢中(むちゅう)です。
푹 빠졌습니다.

凝(こ)っています。
빠졌습니다.

はまっています。
빠졌습니다.

*여기서의 はまっている는 속어적인 표현이다.

08 骨董品(こっとうひん)
골동품

写真(しゃしん)
사진

切手(きって)
우표

人形(にんぎょう)
인형

集(あつ)めに興味(きょうみ)があります。
수집에 흥미가 있습니다.

09

英会話(えいかいわ)
영어회화

手話(しゅわ)
수화

茶道(さどう)
다도

柔道(じゅうどう)
유도

テニス
테니스

読書(どくしょ)
독서

クラブに入(はい)っています。
서클에 들어 있습니다.

---

10 このごろゴルフに
요즘 골프에

夢中(むちゅう)です。
푹 빠졌습니다.

興味(きょうみ)が出(で)てきました。
흥미가 생겼습니다.

関心(かんしん)があります。
관심이 있습니다.

11

ジム
체육관

英会話(えいかいわ)スクール
영어회화스쿨

車(くるま)の教習所(きょうしゅうじょ)
운전연습장

に通(かよ)っています。
에 다니고 있습니다.

12

語学(ごがく)
어학

中国語(ちゅうごくご)
중국어

パワーポイント
파워포인트

の勉強(べんきょう)をしています。
공부를 하고 있습니다.

13 料理(りょうり)
요리

水泳(すいえい)
수영

人前(ひとまえ)で話(はな)すの
사람들 앞에서 이야기하는 것

漫画(まんが)を描(か)くこと
나는 만화를 그리는 것

が得意(とくい)です。
을(를) 잘합니다.

14 エッセイ
에세이

雑誌(ざっし)
잡지

推理小説(すいりしょうせつ)
추리소설

ベストセラー
베스트셀러

漫画(まんが)
만화

村上龍(むらかみりゅう)の本(ほん)
무라까미 류의 책

週刊誌(しゅうかんし)
주간지

をよく読(よ)みます。
을(를) 잘 읽습니다.

15 月(つき)に2回(かい)ぐらい
한 달에 2번 정도

月(つき)に3本(ほん)ぐらい
한 달에 세편 정도

毎週(まいしゅう)
매주

わりとよく
비교적 자주

映画(えいが)を見(み)に行(い)きます。
영화를 보러갑니다.

16

スポーツ番組(ばんぐみ)
스포츠 프로그램

ドキュメンタリー
다큐멘터리

子供番組(こどもばんぐみ)
아동 프로그램

教育番組(きょういくばんぐみ)
교육프로

アニメ
TV만화

ニュース
뉴스

バラエティー番組(ばんぐみ)
쇼프로

クイズ番組(ばんぐみ)
퀴즈프로

トーク番組(ばんぐみ)
토크프로

をよく見(み)ます。
을(를) 잘 봅니다.

17

コメディー映画(えいが)
코미디영화

アクション映画(えいが)
액션영화

恋愛映画(れんあいえいが)
연애영화

ファンタジー映画(えいが)
판타지영화

韓国映画(かんこくえいが)
한국영화

香港映画(ほんこんえいが)
홍콩영화

が見(み)たいです。
을(를) 보고 싶습니다.

217

18　家族(かぞく)もの　　　　　がいいです。
　　가족물　　　　　　　　을(를) 좋아합니다.

　　探偵(たんてい)もの
　　탐정물

　　ミステリードラマ
　　미스터리드라마

　　ノンフィクションのドラマ
　　논픽션 드라마

　　感動(かんどう)もの
　　감동물

　　恋愛(れんあい)もの
　　연애물

　　学園(がくえん)もの
　　학생드라마

　　時代劇(じだいげき)
　　시대극

19　日本語(にほんご)　　　って面白(おもしろ)いです。
　　일본어　　　　　　　은(는) 재미있습니다.

　　将棋(しょうぎ)
　　장기

　　パチンコ
　　파칭코

　　オペラ
　　오페라

　　ミュージカル
　　뮤지컬

　　囲碁(いご)
　　바둑

20　なかなかの　　文学(ぶんがく)　　通(つう)ですね。
　　상당한　　　　　문학　　　　　전문가이군요.

　　　　　　　　　サッカー
　　　　　　　　　축구

　　　　　　　　　韓国(かんこく)
　　　　　　　　　한국

　　　　　　　　　日本(にほん)
　　　　　　　　　일본

21 スポーツは
スポえ는

好(す)きです。
좋아합니다.

嫌(きら)いです。
싫어합니다.

好(す)きでもないし、嫌(きら)いでもありません。
좋아하지도 않고 싫어하지도 않습니다.

大嫌(だいきら)いです。
너무 싫어합니다.

するのも観(み)るのも好(す)きじゃありません。
하는 것도 보는 것도 좋아하지 않습니다.

嫌(きら)いですが、観(み)るのは好(す)きです。
싫어하지만 보는 것은 좋아합니다.

22 クロール
자유형

平泳(ひらおよ)ぎ
평형

バタフライ
접형

背泳(せおよ)ぎ
배영

なら100メートルぐらい泳(およ)げます。
이라면 100미터 정도 헤엄칠 수 있습니다.

23 暇(ひま)な時(とき)は
시간여유가 있을 때는

インターネットを見(み)ます。
인터넷을 봅니다.

友(とも)だちにメールを送(おく)ります。
친구에게 메일을 보냅니다.

チャットをします。
채팅을 합니다.

パズルをやります。
퍼즐을 합니다.

本(ほん)を読(よ)みます。
책을 읽습니다.

ウィンドウショッピングをします。
아이쇼핑을 합니다.

パソコンのサイトでダウンロードして
見(み)ています。
컴퓨터 사이트에서 다운로드해서 보고 있습니다.

24 仕事(しごと)のあと
일이 끝나고

他(ほか)のアルバイトをします。
다른 아르바이트를 합니다.

英会話(えいかいわ)を勉強(べんきょう)しています。
영어회화를 공부합니다.

英会話(えいかいわ)スクールに通(かよ)っています。
영어회화학원에 다닙니다.

日本語(にほんご)を勉強(べんきょう)しています。
일본어를 공부합니다.

友達(ともだち)とおしゃべりをして帰(かえ)ります。
친구와 수다를 떨고 집에 돌아갑니다.

一杯(いっぱい)飲(の)んで帰(かえ)ります。
술을 한잔 마시고 돌아갑니다.

スポーツジムに通(かよ)っています。
스포츠센터에 다닙니다.

25 このごろ、
요즘

ぶらぶらしています。
빈둥거립니다.

遊(あそ)んでいます。
놀고 있습니다.

プー太郎(たろう)やってます。
백수생활을 하고 있습니다.

習(なら)い事(ごと)をしています。
취미공부를 하고 있습니다.

子育(こそだ)てをしています。
아이를 키우고 있습니다.

何(なに)もしていません。
아무 일도 안 합니다.

フリーターです。
아르바이트를 합니다.

 一日中(いちにちじゅう)
하루 종일

ごろごろしています。
빈둥거립니다.

ゆっくり休(やす)んでいます。
집에서 푹 쉽니다.

家族(かぞく)とゆっくり過(す)ごしています。
가족과 느긋이 지냅니다.

テレビを見(み)て過(す)ごしています。
텔레비전을 보며 지냅니다.

ゆっくり休(やす)もうと思(おも)っています。
푹 쉬려고 합니다.

家(いえ)でごろごろするつもりです。
집에서 빈둥거릴 생각입니다.

여행과 숙박

여행의 목적으로는 관광 観光, 비즈니스 ビジネス, 신혼여행 新婚旅行, 수학여행 修学旅行, 친척방문 親戚訪問 등이 있다. 숙박에 필요한 예약, 접수, 일정, 체크아웃, 계산 등의 기본적인 회화를 익혀두도록 하자. 일본의 경우 旅館은 고가의 일본 전통 숙박 시설이고, 宿屋는 시설이 미비한 우리의 여관이며, ホテル은 서양식 숙박 시설이고, モーテル은 호텔보다 작은 시설로 주로 러브호텔을 가리킨다.

Basic Expression

489 東京(とうきょう)は初(はじ)めてです。
도쿄는 처음입니다.

490 どこか出掛(でか)けますか。
어딘가 외출합니까?

491 海外旅行(かいがいりょこう)をしたいです。
해외여행를 하고 싶습니다.

492 日帰(ひがえ)りで長野(ながの)に行(い)きます。
당일치기로 나가노에 갈 겁니다.

493 ディズニーランドに行(い)きたいです。
디즈니랜드에 가고 싶습니다.

494 午前(ごぜん)のコースはありますか。
오전코스는 있습니까?

495 日程(にってい)は二泊(にはく)三日(みっか)です。
일정은 2박 3일입니다.

496 何名様(なんめいさま)ですか。
몇 분입니까?

497 一部屋(ひとへや)お願(ねが)いします。
방 하나를 부탁합니다.

498 静(しず)かな部屋(へや)がいいです。
조용한 방이 좋습니다.

499 シングルを予約(よやく)したいのですが。
싱글룸를 예약하고 싶은데요.

500 予約(よやく)をしたいんですが。
예약을 하고 싶습니다만.

501 海側(うみがわ)がいいです。
바다가 보이는 쪽이 좋습니다.

502 なんていい眺(ながめでしょう。
얼마나 좋은 전망인가요.

503 観光(かんこう)に来(き)ました。
관광하러 왔습니다.

504 パスポートを見(み)せてください。
여권을 보여주세요.

505 温泉(おんせん)だっから日光(にっこう)がいいですよ。
온천이라면 닛코가 좋습니다.

01

東京(とうきょう)
도쿄

日本(にほん)
일본

北海道(ほっかいどう)
홋카이도

神戸(こうべ)
고베

九州(きゅうしゅう)
큐슈

は初(はじ)めてです。
은(는) 처음입니다.

02 どこか
어딘가

出掛(でか)けますか。
외출합니까?

行(い)きませんか?
안 갈래요?

出(で)かけましたか。
외출했습니까?

行(い)きたいですね。
가고 싶군요.

出掛(でか)けたくなりますね。
외출하고 싶어지네요.

03

海外旅行(かいがいりょこう)
해외여행

船(ふね)の旅行(りょこう)
선박여행

日帰(ひがえ)り旅行(りょこう)
당일치기 여행

団体旅行(だんたいりょこう)
단체관광

国内旅行(こくないりょこう)
국내여행

世界一周(せかいいっしゅう)
세계일주

をしたいです。
을(를) 하고 싶습니다.

04

日帰(ひがえ)りで長野(ながの)　に行(い)きます。
당일치기로 나가노　에 갈 겁니다.

一泊(いっぱく)で大阪(おおさか)
1박으로 오사카

三泊(さんぱく)で北海道(ほっかいどう)
3박으로 홋카이도

一週間(いっしゅうかん)ヨーロッパ
일주일간 유럽

05

ディズニーランド　に行(い)きたいです。
디즈니랜드　에 가고 싶습니다.

富士山(ふじさん)
후지산

鎌倉(かまくら)
가마꾸라

沖縄(おきなわ)
오끼나와

海水浴場(かいすいよくじょう)
해수욕장

ユニバーサルスタジオ
유니버설 스튜디오

06

午前(ごぜん)のコース　はありますか。
오전코스　은(는) 있습니까?

午後(ごご)のコース
오후코스

一日(いちにち)のコース
하루코스

半日(はんにち)のコース
반나절코스

ナイトツアー
저녁관광

07 日程(にってい)は
일정은

| 二泊(にはく)三日(みっか) |
| 2박 3일 |
| 三泊(さんぱく)四日(よっか) |
| 3박 4일 |
| 四泊(よんはく)五日(いつか) |
| 4박 5일 |
| 二日間(ふつかかん) |
| 이틀 |
| 二週間(にしゅうかん) |
| 2주일 |
| 五日間(いつかかん) |
| 5일간 |

です。
입니다.

08 | 何名様(なんめいさま) |
| 몇 분 |
| お一人(ひとり)さま |
| 한 분 |
| 一泊(いっぱく) |
| 1박 |
| 何泊(なんぱく) |
| 몇 박 |

ですか。
입니까?

09 | 一部屋(ひとへや) |
| 방 하나 |
| 部屋(へや)は別々(べつべつ)に |
| 방은 따로따로 |
| チェックイン |
| 체크인 |
| チェックアウト |
| 체크아웃 |
| ルームサービス |
| 룸서비스 |
| 会計(かいけい) |
| 계산 |

お願(ねが)いします。
을(를) 부탁합니다.

10 　静(しず)かな　　　　部屋(へや)がいいです。
조용한　　　　　　방이 좋습니다.

眺(なが)めがいい
전망이 좋은

みんなが入(はい)れる大(おお)きな
모두가 들어갈 수 있는 커다란

日当(ひあ)たりのいい
햇볕이 잘 드는

海(うみ)の見(み)える
바다가 보이는

11 　シングル　　　　　を予約(よやく)したいのですが。
싱글룸　　　　　　을(를) 예약하고 싶은데요.

ツイン
트윈룸

ツインルーム
트윈룸

ダブル
트윈룸

レンタカー
렌터카

12 　予約(よやく)を　　　したいんですが。
예약을　　　　　　하고 싶습니다만.

キャンセルしたいんですが。
취소하고 싶습니다만.

取(と)り消(け)したいんですが。
취소하고 싶습니다만.

変更(へんこう)したいんですが。
변경하고 싶습니다만.

入(い)れたいんですが。
넣고 싶은데요.

お願(ねが)いします。
부탁합니다.

13 海側(うみがわ) がいいです。
바다가 보이는 쪽 이 좋습니다.
山側(やまがわ)
산이 보이는 쪽
港側(みなとがわ)
항구가 보이는 쪽

14 なんていい 眺(なが)め でしょう。
얼마나 좋은 전망 인가요.
天気(てんき)
날씨
いい景色(けしき)
경치
いい見晴(みは)らし
전망

15 観光(かんこう) に来(き)ました。
관광 하러 왔습니다.
旅行(りょこう)
여행
新婚旅行(しんこんりょこう)
신혼여행
修学旅行(しゅうがくりょこう)
수학여행
ビジネス
비즈니스

16 パスポート を見(み)せてください。
여권 을(를) 보여주세요.
ビザ
비자
入国(にゅうこく)カード
입국카드
スーツケース
가방
バッグ
백

| 17 | 温泉(おんせん)
온천
お寺(てら)
절
お城(しろ)
성
雪祭(ゆきまつ)り
눈축제
旅行(りょこう)
여행 | だったら
(이)라면 | 日光(にっこう)
닛코
鎌倉(かまくら)
가마쿠라
大阪(おおさか)
오사카
札幌(さっぽろ)
삿포로
日本(にほん)
일본 | がいいですよ。
이(가) 좋습니다. |

음악과 스포츠

국적을 초월하여 누구나 감동과 친밀감을 공유할 수 있는 것이 음악과 스포츠에 관한 표현이다. 좋아하다 好きだ, 싫어하다 嫌いだ, 마음에 들다 気に入っている 등으로 자신의 취향을 나타낼 수 있으며 大好きだ를 사용하여 무척 좋아한다는 표현을 하기도 한다. 또한 上手だ, 得意だ, 下手だ, 苦手だ 등으로 잘하고 못한다는 표현을 하기도 한다. 취미로 혹은 경기나 운동으로 스포츠를 즐기는 사람이 많은 것도 양국이 마찬가지이다.

Basic Expression

506 ロックが好(す)きです。
락음악을 좋아합니다.

507 チェロが弾(ひ)けますか。
첼로를 켤 수 있습니까?

508 笛(ふえ)が吹(ふ)けますか。
피리를 불 수 있습니까?

509 この歌(うた)の歌詞(かし)が気(き)に入(い)っています。
이 노래의 가사가 마음에 듭니다.

510 スキーがお好(す)きですか。
스키를 좋아하십니까?

511 今晩(こんばん)のコンサートは何時(なんじ)からですか。
오늘밤 열리는 콘서트는 몇 시부터입니까?

512 運動(うんどう)するのが大好(だいす)きです。
운동을 하는 것을 매우 좋아합니다.

513 毎日(まいにち)少(すこ)しでも運動(うんどう)するよう心掛(こころが)けています。
매일 조금이라도 운동하려고 마음먹고 있습니다.

514 相撲(すもう)をご覧(らん)になったことがありますか。
스모를 보신 적이 있습니까?

515 どんなスポーツがお好(す)きですか。
어떤 스포츠를 좋아합니까?

516 私(わたし)の楽(たの)しみは水泳(すいえい)をすることです。
저의 낙은 수영을 하는 것입니다.

517 スポーツは好(す)きです。
스포츠는 좋아합니다.

518 サーフィンをしたいのですが。
서핑을 하고 싶은데요.

519 今度(こんど)の試合(しあい)、勝(か)つでしょう。
이번 시합은 이기겠지요.

520 今(いま)、ゲームは引(ひ)き分(わ)けです。
지금 게임은 무승부입니다.

01

| ロック
락음악 | が好(す)きです。
을(를) 좋아합니다. |

ロック
락음악

クラシック
클래식

バラード
발라드

ジャズ
재즈

現代音楽(げんだいおんがく)
현대음악

アールアンドビー
알앤비(R&B)

歌謡(かよう)
가요

演歌(えんか)
엔카(일본 트로트)

が好(す)きです。
을(를) 좋아합니다.

02

ギター
기타

ピアノ
피아노

エレクトーン
전자오르간

オルガン
오르간

を弾(ひ)くことができますか。
을(를) 칠 수 있습니까?

03

チェロ
첼로

バイオリン
바이올린

ハープ
하프

琴(こと)
거문고

が弾(ひ)けますか。
을(를) 켤 수 있습니까?

04 笛(ふえ) / が吹(ふ)けますか。
피리 / 을(를) 불 수 있습니까?

フルート
플루트

ハーモニカ
하모니카

ラッパ
나팔

トランペット
트럼펫

05 この歌(うた)の / 歌詞(かし) / が気(き)に入(い)っています。
이 노래의 / 가사 / 이(가) 마음에 듭니다.

メロディー
멜로디

リズム
리듬

拍子(ひょうし)
박자

06 スキー / がお好(す)きですか。
스키 / 을(를) 좋아하십니까?

ダイビング
다이빙

乗馬(じょうば)
승마

ボクシング
권투

ホッケー
하키

テコンド
태권도

07 今晩(こんばん)の
오늘밤에 열리는

コンサート
콘서트

ミュージカル
뮤지컬

オペラ
오페라

リサイタル
리사이틀

は何時(なんじ)からですか。
은(는) 몇 시부터입니까?

08 運動(うんどう)する
운동을 하는

サッカーをする
축구를 하는

野球(やきゅう)をする
야구를 하는

テニスをする
테니스를 하는

ゴルフをする
골프를 하는

のが大好(だいす)きです。
것을 매우 좋아합니다.

*する의 자리에 やる를 써도 되지만 する가 정중한 표현이다.

09 毎日(まいにち)少(すこ)しでも
매일 조금이라도

運動(うんどう)する
운동하

ジョギングする
조깅하

散歩(さんぽ)する
산책하

ヨガをする
요가를 하

よう心掛(こころが)けています。
려고 마음먹고 있습니다.

233

10 相撲(すもう) をご覧(らん)になったことがありますか。
스모　을(를) 보신 적이 있습니까?

歌舞伎(かぶき)
가부키

能(のう)
노

文楽(ぶんらく)
분락

芝居(しばい)
연극

11 どんな　スポーツ がお好(す)きですか。
어떤　스포츠　을(를) 좋아합니까?

音楽(おんがく)
음악

歌(うた)
노래

競技(きょうぎ)
경기

ジャンル
장르

12 私(わたし)の楽(たの)しみは　水泳(すいえい)をする ことです。
저의 낙은　수영을 하는　것입니다.

スケートをする
스케이트를 타는

ゴルフをする
골프를 치는

マラソンをする
마라톤을 하는

ピンポンをする
탁구를 하는

バスケットボールをする
농구를 하는

*ピンポンの 자리에 卓球(たっきゅう)를 넣으면 정식적인 경기를 한다는 뉘앙스이다.

13 スポーツは
스포츠는

好(す)きです。
좋아합니다.

嫌(きら)いです。
싫어합니다.

好(す)きでもないし、嫌(きら)いでもありません。
좋아하지도 않고 싫어하지도 않습니다.

嫌(きら)いな方(ほう)です。
싫어하는 편입니다.

大嫌(だいきら)いです。
너무 싫어합니다.

するのも観(み)るのも好(す)きじゃありません。
하는 것도 보는 것도 좋아하지 않습니다.

嫌(きら)いですが、観(み)るのは好(す)きです。
싫어하지만 보는 것은 좋아합니다.

14 サーフィンをし
서핑을 하고

たいのですが。
싶은데요.

ゴルフを習(なら)い
골프를 배우고

スカッシュを始(はじ)め
스쿼시를 시작하고

水泳教室(すいえいきょうしつ)に通(かよ)い
수영학원에 다니고

レッスンを受(う)け
레슨을 받고

リフトに乗(の)り
리프트를 타고

15 今度(こんど)の試合(しあい)、
이번 시합은

勝(か)つ 이기
負(ま)ける 지
引(ひ)き分(わ)け 무승부
難(むずか)しい 어렵
いい勝負(しょうぶ) 좋은 승부이
駄目(だめ) 안 되
どっこいどっこい 비슷비슷하

でしょう。
겠지요.

16 今(いま)、ゲームは
지금 게임은

引(ひ)き分(わ)けです。 무승부입니다.
勝(か)っています。 이기고 있습니다.
負(ま)けています。 지고 있습니다.
優勢(ゆうせい)です。 우세입니다.
接戦(せっせん)です。 접전입니다.
面白(おもしろ)いところです。 재미있는 대목입니다.
きわどいところです。 아슬아슬한 순간입니다.
瀬戸際(せとぎわ) 운명의 갈림길
終盤(しゅうばん) 종반부

장래 희망과 바람

私の夢は~、~になりたい、~を目指している、~になろうと思う 등으로 장래의 직업에 대한 희망을 나타낸다. 또한 つもり를 사용하여 자신의 강한 의지를 나타내기도 한다. 희망의 표현 중 ~になりたいなぁ라는 표현은 애매하고 어린이다운 표현이니 어린이의 장래희망에 적절한 표현이다. 欲しい는 갖고 싶은 것과 필요한 것을 나타내는 가장 적절한 표현이며 물질적인 것 외에 행동을 원할 때에는 て欲しい로 나타낸다.

Basic Expression

521 私(わたし)の夢(ゆめ)は歌手(かしゅ)でした。
제 꿈은 가수였습니다.

522 公務員(こうむいん)になりたいです。
공무원이 되고 싶습니다.

523 公務員(こうむいん)になりたいと思(おも)います。
공무원이 되고 싶습니다.

524 ケーキ屋(や)さんになりたいなぁと思(おも)います。
케이크 가게 주인이 되고 싶습니다.

525 警察(けいさつ)になろうと思(おも)っています。
경찰이 되려고 합니다.

526 小説家(しょうせつか)を目指(めざ)しています。
소설가를 목표로 하고 있습니다.

527 医学部(いがくぶ)に進学(しんがく)したいです。
의과대학에 진학하고 싶습니다.

528 私(わたし)は大学(だいがく)に行(い)くつもりです。
나는 대학교에 갈 생각입니다.

529 親(おや)の反対(はんたい)で小説(しょうせつ)を諦(あきら)めました。
부모님의 반대로 소설을 포기했습니다.

530 立派(りっぱ)なコックになってほしい。
훌륭한 요리사가 되었으면 해.

531 立派(りっぱ)な化学者(かがくしゃ)になってくれて本当(ほんとう)に嬉(うれ)しい。
훌륭한 화학자가 되어 주어서 정말로 기쁘다.

532 それはあまりにも夢(ゆめ)のような話(はなし)です。
그것은 너무나도 꿈같은 이야기입니다.

533 パソコンがほしいです。
컴퓨터를 갖고 싶습니다.

534 一番(いちばん)欲(ほ)しいのはカメラです。
가장 원하는 것은 카메라입니다.

535 今(いま)、側(そば)にいてほしい。
지금 곁에 있어 주었으면 해.

536 特(とく)に欲(ほ)しいものはありません。
특별히 갖고 싶은 것은 없습니다.

537 チーズがあったらいいのに。
치즈가 있으면 좋을 텐데.

538 一日(いちにち)仕事(しごと)を休(やす)めたらいいのに。
하루 일을 쉴 수 있다면 좋을 텐데.

539 何(なに)をすればいいの。
무엇을 하면 돼?

01 私(わたし)の夢(ゆめ)は
제 꿈은

歌手(かしゅ) 가수	でした. 였습니다.
タレント 탤런트	
科学者(かがくしゃ) 과학자	
画家(がか) 화가	
先生(せんせい) 교사	
アナウンサー 아나운서	

02

公務員(こうむいん) 공무원	になりたいです. 이(가) 되고 싶습니다.
銀行員(ぎんこういん) 은행원	
医者(いしゃ) 의사	
歌手(かしゅ) 가수	
俳優(はいゆう) 배우	

03

公務員(こうむいん) 공무원	になりたいと思(おも)います. 이(가) 되고 싶습니다.
銀行員(ぎんこういん) 은행원	
医者(いしゃ) 의사	
歌手(かしゅ) 가수	
俳優(はいゆう) 배우	

04 ケーキ屋(や)さん　になりたいなぁと思(おも)います。
케이크 가게 주인　이(가) 되고 싶습니다.

パイロット
파일럿

スーパーマン
슈퍼맨

警察官(けいさつかん)
경찰관

お菓子屋(かしや)さん
과자가게 주인

お花屋(はなや)さん
꽃가게 주인

*어린이들이 말하는 장래표현이다.

05 警察(けいさつ)　になろうと思(おも)っています。
경찰　이(가) 되려고 합니다.

芸能人(げいのうじん)
연예인

刑事(けいじ)
형사

モデル
모델

スチュワーデス
스튜어디스

タレント
탤런트

06 小説家(しょうせつか)　を目指(めざ)しています。
소설가　을(를) 목표로 하고 있습니다.

建築家(けんちくか)
건축가

歯科医(しかい)
치과의사

看護婦(かんごふ)
간호원

弁護士(べんごし)
변호사

07 医学部(いがくぶ)　　　　　　　に進学(しんがく)したいです。
의과대학　　　　　　　에 진학하고 싶습니다.

理系(りけい)
이과

文系(ぶんけい)
문과

経営学科(けいえいがっか)
경영학과

人文学部(じんぶんがくぶ)
인문학부

芸術学部(げいじゅつがくぶ)
예술학부

08 私(わたし)は　大学(だいがく)に行(い)く　　　　つもりです。
나는　대학교에 갈　　　　작정입니다.

就職(しゅうしょく)する
취직할

浪人(ろうにん)する
재수할

結婚(けっこん)する
결혼할

留学(りゅうがく)する
유학갈 겁니다.

旅行(りょこう)に行(い)く
여행 갈

父(ちち)に弟子入(でしい)りする
아버지 사업을 물려받으러 들어갈

何(なに)もしない
아무것도 안 할

ボランティアの仕事(しごと)をする
봉사활동을 할

田舎(いなか)に帰(かえ)る
고향에 돌아갈

*속어로 결혼한다는 표현으로 永久就職(えいきゅうしゅうしょく)する를 쓰기도 한다.

09 親(おや)の反対(はんたい)で
부모님의 반대로

小説(しょうせつ)
소설

作曲(さっきょく)
작곡

舞踊(ぶよう)
무용

サッカー
축구

先生(せんせい)
선생님

絵(え)
그림

を諦(あきら)めました。
을(를) 포기했습니다.

10 立派(りっぱ)な
훌륭한

コック
요리사

ジャーナリスト
언론인

作家(さっか)
작가

大工(だいく)
목수

記者(きしゃ)
기자

科学者(かがくしゃ)
과학자

になってほしい。
이(가) 되었으면 해.

11 立派(りっぱ)な
훌륭한

化学者(かがくしゃ)
화학자

小説家(しょうせつか)
소설가

女優(じょゆう)
여배우

ゴルフ選手(せんしゅ)
골프선수

パイロット
파일럿

になってくれて本当(ほんとう)に嬉(うれ)しい。
이(가) 되어 주어서 정말로 기쁘다.

12 それはあまりにも
그것은 너무나도

夢(ゆめ)のような
꿈같은

現実(げんじつ)離(ばな)れした
현실과 거리가 먼

抽象的(ちゅうしょうてき)な
추상적인

時代遅(じだいおく)れな
시대에 뒤떨어진

でたらめな
엉터리인

話(はなし)です。
이야기입니다.

13 パソコン
컴퓨터

デジカメ
디카

時計(とけい)
시계

新車(しんしゃ)
신차

お金(かね)
돈

時間(じかん)
시간

がほしいです。
을(를) 갖고 싶습니다.

14 一番(いちばん)欲(ほ)しいのは
가장 원하는 것은

カメラ
카메라

パソコン
컴퓨터

お金(かね)
돈

家(いえ)
집

腕時計(うでどけい)
손목시계

修士号(しゅうしごう)
석사학위

です。
입니다.

15 今(いま)、
지금

側(そば)にいて
곁에 있어

私(わたし)の話(はなし)を聞(き)いて
내 이야기를 들어

何(なに)も言(い)わないで
아무 말도 하지 말아

行(い)かないで
가지 말아

そんなこと言(い)わないで
그런 말 하지 말아

何(なに)も聞(き)かないで
아무 것도 묻지 말아

ほしい。
주었으면 해.

16 特(とく)に
특별히

何(なに)も
아무것도

別(べつ)に
별로

まったく
정말로

欲(ほ)しいものはありません。
갖고 싶은 것은 없습니다.

17 チーズ
치즈

オーブン
오븐

1万円(まんえん)
1만엔

車(くるま)
차

カメラ
카메라

辞書(じしょ)
사전

があったらいいのに。
이(가) 있으면 좋을 텐데.

18 一日(いちにち)
하루

仕事(しごと)を休(やす)め
일을 쉴 수 있다
仕事(しごと)を忘(わす)れられ
일을 잊을 수 있다
どこか外出(がいしゅつ)でき
어디론가 외출할 수 있으
休暇(きゅうか)を取(と)れ
휴가를 얻을 수 있으

たらいいのに。
면 좋을 텐데.

19 何(なに)を
무엇을

すればいいの?
하면 돼?
したらいいですか。
하면 됩니까?
してほしい?
해줬으면 하니?

仕事(しごと)を休(やす)め
일을 쉴 수 있다
仕事(しごと)を忘(わす)れられ
일을 잊을 수 있다
どこか外出(がいしゅつ)でき
어디론가 외출할 수 있으
休暇(きゅうか)を取(と)れ
휴가를 얻을 수 있으

회사와 일

貿易会社 衣類会社 食品会社 広告会社 ライバル会社 子会社 下請会社 派遣会社 등 다양한 회사 이름과 구체적인 직함과 업무와 회의에 대한 여러 가지 표현들을 익히도록 하자. 働く 앞에는 조사 で를, 勤める 앞에는 조사 に를 쓰는 것에 유의하자. 또한 직장 내의 커뮤니케이션이나 업무진행의 과정. 서류의 작성. 관리체계. 휴가처리 등도 회화공부와 더불어 알아두어야 한다.

Basic Expression

540 貿易会社(ぼうえきがいしゃ)で働(はたら)いています。
무역회사에서 일하고 있습니다.

541 正社員(せいしゃいん)で働(はたら)いています。
정사원으로 일하고 있습니다.

542 仕事先(しごとさき)は新宿(しんじゅく)にあります。
직장은 신주쿠에 있습니다.

543 貿易会社(ぼうえきがいしゃ)に勤(つとめ)ています。
무역회사에 근무합니다.

544 仕事(しごと)はまだ慣(な)れません。
일은 아직 익숙하지 않습니다.

545 経理(けいり)の仕事(しごと)は性(しょう)に合(あ)いません。
경리 일은 적성에 안 맞습니다.

546 先生(せんせい)の仕事(しごと)は私(わたし)に向(む)いています。
교사 일은 저와 맞습니다.

547 新(あたら)しい職場(しょくば)はとても忙(いそが)しいです。
새 직장은 매우 바쁩니다.

548 新(あたら)しい仕事(しごと)はどうですか。
새로운 일은 어떻습니까?

549 仕事(しごと)で時々(ときどき)来(き)ます。
일로 가끔씩 옵니다.

550 コンビニでアルバイトをしています。
편의점에서 아르바이트를 하고 있습니다.

551 経理(けいり)の仕事(しごと)をしています。
경리일을 하고 있습니다.

552 取引(とりひ)き先(さき)の接待(せったい)をするのが私(わたし)の仕事(しごと)だ。
거래처를 접대하는 일이 나의 업무다.

553 小林(こばやし)さんは営業(えいぎょう)係(がか)りです。
고바야시 씨는 영업담당입니다.

554 一日(いちにち)仕事(しごと)を休(やす)めたらいいのに。
하루 일을 쉴 수 있다면 좋을 텐데.

555 とても大変(たいへん)でした。
매우 힘들었습니다.

556 一日(いちにち)仕事(しごと)を休(やす)むといいですね。
하루 일을 쉬면 좋겠네요.

557 田中(たなか)は今(いま)外出中(がいしゅつちゅう)です。
다나까는 지금 외출 중입니다.

558 景気(けいき)は悪(わる)いです。
경기는 나쁩니다.

559 会社(かいしゃ)まで35分(ふん)ぐらいかかります。
회사까지 35분 정도 걸립니다.

560 仕事(しごと)はもうすぐ終(お)わります。
일은 곧 끝납니다.

561 あのう、休暇(きゅうか)を取(と)りたいです。
저기요, 휴가를 얻고 싶습니다.

562 来週(らいしゅう)中国(ちゅうごく)へ出張(しゅっちょう)に行(い)きます。
다음 주 중국으로 출장을 갑니다.

563 五月(ごがつ)の下旬(げじゅん)に出張(しゅっちょう)に行(い)きます。
5월 하순에 출장을 갑니다.

564 ここはうちのライバル会社(がいしゃ)です。
이곳은 우리의 라이벌회사입니다.

565 結局(けっきょく)会社(かいしゃ)が傾(かたむ)きました。
결국 회사가 기울었습니다.

566 会議(かいぎ)は何時(なんじ)に始(はじ)まりますか。
회의는 몇 시에 시작됩니까?

567 会議(かいぎ)は2時(じ)に5階(かい)の会議室(かいぎしつ)でします。
회의는 2시에 10시에 5층 회의실에서 합니다.

568 会議(かいぎ)が伸(の)びますね。
회의가 길어지는군요.

569 会議(かいぎ)でその提案(ていあん)を否決(ひけつ)しました。
회의에서 그 제안을 부결했습니다.

570 今日(きょう)はお疲(つか)れさまでした。
오늘은 수고하셨습니다.

01

貿易会社(ぼうえきがいしゃ) 무역회사	で働(はたら)いています。 에서 일하고 있습니다.
旅行代理店(りょこうだいりてん) 여행대리점	
新聞社(しんぶんしゃ) 신문사	
フジテレビ 후지TV	
未来商事(みらいしょうじ) 미래상사	

02

正社員(せいしゃいん) 정사원	で働(はたら)いています。 (으)로 일하고 있습니다.
非常勤(ひじょうきん) 비정규직	
派遣社員(はけんしゃいん) 파견사원	
契約社員(けいやくしゃいん) 계약사원	
アルバイト 아르바이트	
パート 파트타임	
フール 풀타임	

03 仕事先(しごとさき)は
직장은

新宿(しんじゅく) 신주쿠	にあります。 에 있습니다.
神田(かんだ) 간다	
横浜(よこはま) 요코하마	
渋谷(しぶや) 시부야	

04　貿易会社(ぼうえきがいしゃ)　　に勤(つとめ)ています。
　　무역회사　　에 근무합니다.

衣類会社(いるいがいしゃ)
의류회사

派遣会社(はけんがいしゃ)
파견회사

広告会社(こうこくがいしゃ)
광고회사

出版社(しゅっぱんしゃ)
출판사

工場(こうじょう)
공장

05　仕事(しごと)は　　まだ慣(な)れません。
　　일은　　아직 익숙하지 않습니다.

だいぶ慣(な)れました。
상당히 익숙해졌습니다.

とても忙(いそが)しいです。
매우 바쁩니다.

分(わ)からないことばかりです。
모르는 것 투성이입니다.

知(し)らないことばかりです。
모르는 것 투성이입니다.

覚(おぼ)えることがいっぱいです。
익혀야할 것이 많습니다.

06　経理(けいり)　　の仕事(しごと)は性(しょう)に合(あ)いません。
　　경리　　일은 적성에 안 맞습니다.

営業(えいぎょう)
영업

先生(せんせい)
선생

医者(いしゃ)
의사

公務員(こうむいん)
공무원

07 先生(せんせい) の仕事(しごと)は私(わたし)に向(む)いています。
교사　　일은 저와 맞습니다.

弁護士(べんごし)
변호사

企画(きかく)
기획

保母(ほぼ)
보모

---

08 新(あたら)しい職場(しょくば)は
새 직장은

とても忙(いそが)しいです。
매우 바쁩니다.

雰囲気(ふんいき)がとてもいいです。
분위기가 매우 좋습니다.

若(わか)い人(ひと)が多(おお)いです。
젊은 사람이 많습니다.

残業(ざんぎょう)が多(おお)いです。
잔업이 많습니다.

上司(じょうし)が厳(きび)しいです。
상사가 엄합니다.

---

09 新(あたら)しい
새로운

仕事(しごと)
일

職場(しょくば)
직장

プロジェクト
프로젝트

部下(ぶか)
부하

上司(じょうし)
상사

はどうですか。
은(는) 어떻습니까?

10 仕事(しごと)で
일로

時々(ときどき)来(き)ます。
가끔씩 옵니다.

たまに来(き)ます。
가끔 옵니다.

しょっちゅう来(き)ます。
늘 옵니다.

何回(なんかい)来(き)ました。
몇 번 왔습니다.

何回(なんかい)も来(き)ました。
몇 번이나 왔습니다.

11 コンビニで
편의점에서

喫茶店(きっさてん)で
카페에서

毎日(まいにち)
매일

4時間(じかん)ずつ
4시간씩

深夜(しんや)の
심야

毎日(まいにち)5時間(じかん)だけ
매일 5시간만

塾(じゅく)で
학원에서

韓国語(かんこくご)を教(おし)える
한국어를 가르치는

アルバイトをしています。
아르바이트를 하고 있습니다.

12 経理(けいり)
경리

営業(えいぎょう)
영업

相談(そうだん)
상담

販売(はんばい)
판매

の仕事(しごと)をしています。
일을 하고 있습니다.

13 取引(とりひ)き先(さき)の接待(せったい)をする　｜　のが私(わたし)の仕事(しごと)だ。
거래처의 접대를 하는　｜　일이 나의 업무다.

事務(じむ)をとる
사무를 보는

契約(けいやく)を結(むす)ぶ
계약을 맺는

広報(こうほう)をする
홍보를 하는

案内放送(あんないほうそう)をする
안내방송을 하는

編集(へんしゅう)デザインをする
편집디자인을 하는

*계약을 맺다는 契約(けいやく)をとる라고 쓰기도 한다.

14 小林(こばやし)さんは　｜　営業(えいぎょう)　｜　係(がか)りです。
고바야시 씨는　｜　영업　｜　담당입니다.

総務(そうむ)
총무

人事(じんじ)
인사

広報(こうほう)
홍보

マーケティング
마케팅

15 一日(いちにち)　｜　仕事(しごと)を休(やす)め　｜　たらいいのに。
하루　｜　일을 쉴 수 있다　｜　면 좋을 텐데.

仕事(しごと)を忘(わす)れられ
일을 잊을 수 있다

休暇(きゅうか)を取(と)れ
휴가를 얻을 수 있으

16
とても
매우

大変(たいへん)でした。
힘들었습니다.

本当(ほんとう)に
정말로

なかなか
상당히

いろいろ
여러 가지로

仕事(しごと)がいっぱいあって
일이 많이 있어서

仕事(しごと)が多(おお)くて
일이 많아

とてもハードスケジュールで
매우 빡빡한 스케줄로

会社(かいしゃ)の方(ほう)が
회사의 일이

ストレスがたまって
스트레스가 쌓여서

取引先(とりひきさき)とトラブルがあって
거래처와 트러블이 있어서

17 一日(いちにち)
하루

仕事(しごと)を休(やす)む
일을 쉬

といいですね。
면 좋겠네요.

仕事(しごと)を忘(わす)れる
일을 잊으

どこか出掛(でか)ける
어디론가 외출하

何(なに)もしない
아무것도 안 하

休暇(きゅうか)をとる
휴가를 얻으

*~といいですね 文型은 타인에게 조언하는 내용이다.

18 田中(たなか)は今(いま)
다나까는 지금

> 外出中(がいしゅつちゅう)
> 외출 중
>
> 会議中(かいぎちゅう)
> 회의 중
>
> 出張中(しゅっちょうちゅう)
> 출장 중
>
> 来客中(らいきゃくちゅう)
> 손님 접대 중
>
> 話(はな)し中(ちゅう)
> 이야기 중
>
> 電話中(でんわちゅう)
> 전화 중
>
> 外(そと)まわり
> 외근 중

です。
입니다.

19 景気(けいき)は
경기는

> 悪(わる)いです。
> 나쁩니다.
>
> まあまあです。
> 그저 그렇습니다.
>
> よくなっています。
> 좋아지고 있습니다.
>
> 去年(きょねん)並(な)みです。
> 작년 수준입니다.
>
> 相変(あいか)わらずです。
> 여전합니다.
>
> なかなかよくなりません。
> 좀처럼 좋아지지 않습니다.
>
> 確実(かくじつ)に回復(かいふく)しています。
> 확실히 회복하고 있습니다.
>
> それほど良(よ)い方(ほう)ではありません。
> 그다지 좋은 편이 아닙니다.

20 会社(かいしゃ)まで　　|　35分(ふん)ぐらい　　|　かかります。
회사까지

35分(ふん)ぐらい 35분 정도
だいたい30分(ふん)ぐらい 대체로 30분 정도
1時間(じかん)ぐらい 1시간 정도
1時間以上(じかんいじょう) 1시간 이상
片道(かたみち)2時間(じかん) 편도 2시간
往復(おうふく)で3時間(じかん) 왕복 3시간

걸립니다.

21 仕事(しごと)は
일은

もうすぐ終(お)わります。 곧 끝납니다.
今日中(きょうじゅう)には終(お)わります。 오늘 내로는 끝납니다.
明日(あした)には終(お)わります。 내일은 끝날 겁니다.
2時間(じかん)で終(お)わりそうです。 2시간 정도 있으면 끝날 것 같습니다.
だいたい終(お)わりました。 대체로 끝났습니다.
今週中(こんしゅうちゅう)には終(お)わる予定(よてい)です。 이번 주에는 끝날 예정입니다.
今月(こんげつ)いっぱいかかりそうです。 이번 달은 다 걸릴 것 같습니다.
順調(じゅんちょう)です。 순조롭습니다.

22 あのう、　　|　休暇(きゅうか)　　|　を取(と)りたいです。
저기요,

休暇(きゅうか) 휴가
生理休暇(せいりきゅうか) 생리휴가
育児休暇(いくじきゅうか) 육아휴가
産休(さんきゅう) 출산휴가

을(를) 얻고 싶습니다.

23 来週(らいしゅう)中国(ちゅうごく)へ
다음 주에 중국으로

出張(しゅっちょう)
출장

見学(けんがく)
견학

研修(けんしゅう)
연수

ビジネス商談(しょうだん)
비즈니스 상담

に行(い)きます。
을(를) 갑니다.

24 五月(ごがつ)の
5월

下旬(げじゅん)
하순

始(はじ)め
초

中旬(ちゅうじゅん)
중순

終(お)わり
말

末(まつ)
말

初旬(しょじゅん)
초순

上旬(じょうじゅん)
상순

に出張(しゅっちょう)に行(い)きます。
에 출장을 갑니다.

25 ここはうちの
이곳은 우리의

ライバル会社(がいしゃ)
라이벌회사

下請会社(したうけがいしゃ)
하청회사

子会社(こがいしゃ)
자회사

派遣会社(はけんがいしゃ)
파견회사

支社(ししゃ)
지사

です。
입니다.

26 結局(けっきょく)会社(かいしゃ)が
결국 회사가

傾(かたむ)きました。
기울었습니다.

倒(たお)れました。
회사가 무너졌습니다.

つぶれました。
회사가 망했습니다.

倒産(とうさん)しました。
도산했습니다.

不渡(ふわた)りしました。
부도를 맞았습니다.

27 会議(かいぎ)は
회의는

何時(なんじ)に始(はじ)まりますか。
몇 시에 시작됩니까?

何時(なんじ)に終(お)わりますか。
몇 시에 끝납니까?

どこで開(ひら)かれますか。
어디에서 열립니까?

どこでしますか。
어디에서 합니까?

どこで開(ひら)かれますか。
어디에서 열립니까?

どうなりましたか。
어떻게 되었습니까?

28 会議(かいぎ)は
회의는

2時(じ)に5階(かい)の会議室(かいぎしつ)でします。
2시에 5층 회의실에서 합니다.

2時(じ)に3階(がい)の会議室(かいぎしつ)で開(ひら)かれます。
2시에 3층 회의실에서 열립니다.

大成功(だいせいこう)を収(おさ)めました。
대성공을 거두었습니다.

何(なん)の収穫(しゅうかく)もなく終(お)わりました。
아무런 수확도 없이 끝났습니다.

これで終(お)わります。
이것으로 마치겠습니다.

無事(ぶじ)に終(お)わりました。
무사히 끝났습니다.

うまくいきました。
잘 풀렸습니다.

29 会議(かいぎ)が
会의가

伸(の)びますね。
길어지는군요.

流(なが)れました。
유회되었습니다.

長引(ながび)いているようです。
회의가 지연되는 것 같습니다.

遅(おそ)くなりますね。
늦어지는군요.

30 会議(かいぎ)で
회의에서

その提案(ていあん)を否決(ひけつ)しました。
그 제안을 부결했습니다.

その案(あん)は可決(かけつ)されました。
그 안은 가결되었습니다.

恥(はじ)をかきました。
창피를 당했습니다.

全(すべ)てがうまく行(い)きました。
모든 것이 잘 풀렸습니다.

結論(けつろん)が出(で)た案(あん)はひとつもありませんでした。
결론이 나온 안이 하나도 없었습니다.

再検討(さいけんとう)します。
재검토하겠습니다.

31 今日(きょう)は
오늘은

お疲(つか)れさまでした。
수고하셨습니다.

お疲(つか)れさま。
수고했어요.

お疲(つか)れ。
수고했어.

ご苦労(くろう)さま。
수고했어.

ご苦労(くろう)さん。
수고.

疲(つか)れたでしょう。
피곤하지요?

비즈니스와 무역

원활한 비즈니스 상담 ビジネス商談을 위해서는 해당 직업의 특성과 회사의 업무스타일을 알아야 수월하다. 거래처 방문, 바이어 발굴, 계약체결, 오더진행, 발주, 납품 등 구체적인 업무진행을 익히도록 하자. 또한 편지 작성에 특히 경어를 많이 사용하는데 예를 들면 拝啓、時下ますますご壮健のこととお喜び申し上げます, 貴社ますますご健勝のこととお喜び申し上げます, 御社にはますますご隆盛のこととお喜び申し上げます 등으로 안부를 물으며 시작한다.

Basic Expression

571 契約(けいやく)の変更(へんこう)についてお話(はな)ししたいことがあります。
계약 변경에 대해서 말씀드리고 싶은 것이 있습니다.

572 納品(のうひん)のことについて聞(き)きたいことがあります。
납품에 대해서 묻고 싶은 것이 있습니다.

573 少(すこ)し締切(しめき)りを伸(の)ばしていただけませんでしょうか。
마감을 조금 연기해 주실 수 없으신지요.

574 約束(やくそく)の時間(じかん)を少(すこ)し早(はや)めていただけませんか。
약속시간을 조금 당겨주실 수 없습니까?

575 最近(さいきん)の売(う)れ行(ゆ)きはどうですか。
최근의 판매 추세는 어떻습니까?

576 さっきサンプルをお送(おく)りいたしました。
아까 샘플을 보냈습니다.

577 これからどうぞよろしくお願(ねが)いします。
앞으로 잘 부탁드립니다.

578 あとでお答(こた)えしてもよろしいですか。
나중에 대답해도 괜찮겠습니까?

579 二三日(にさんにち)のうちに、返事(へんじ)いたします。
2, 3일 내에 답변 드리겠습니다.

580 少々(しょうしょう)お待(ま)ちください。
잠시만 기다려주십시오.

581 分(わ)かりやすく説明(せつめい)してください。
알기 쉽게 설명해주세요.

582 今(いま)、ちょっといいですか。
지금 잠시 괜찮습니까?

583 ちょっとお願(ねが)いしたいことがあるのですが。
좀 부탁하고 싶은 것이 있는데요.

584 よく考(かんが)えてみたんですか。
잘 생각해보았습니까?

585 あなたの提案(ていあん)を受(う)け入(い)れます。
당신의 제안을 받아드리겠습니다.

586 分(わ)からなかったら、いつでも連絡(れんらく)ください。
모르면 언제라도 연락해주세요.

587 その件(けん)は考慮中(こうりょちゅう)です。
그 건은 고려 중입니다.

588 もっと時間(じかん)が必要(ひつよう)です。
좀더 시간이 필요합니다.

589 よく考(かんが)えて決(き)めた方(ほう)がいいと思(おも)います。
잘 생각하고 정하는 편이 나을 것 같습니다.

590 では、そろそろ商談(しょうだん)をまとめましょう。
그럼 슬슬 비즈니스 상담을 정리합시다.

591 検討(けんとう)の上(うえ)、お知(し)らせいたします。
검토한 후에 알려드리겠습니다.

592 ぜひ、できる限(かぎ)りのご協力(きょうりょく)をお願(ねが)いします。
부디 가능한 한 협력을 부탁드립니다.

593 田中(たなか)さんはなかなかのやり手(て)です。
다나까 씨는 상당한 수완가입니다.

01

契約(けいやく)の変更(へんこう)
계약 변경
新製品(しんせいひん)の発売(はつばい)
신제품 발매
当社(とうしゃ)の新製品(しんせいひん)
당사의 신제품
見積(みつ)もりの価格(かかく)
견적 가격
消費者(しょうひしゃ)の反応(はんのう)
소비자의 반응

についてお話(はな)ししたい
ことがあります。
에 대해서 말씀드리고 싶은 것이 있습니다.

02

納品(のうひん)
납품
納期(のうき)
납기
デザイン
디자인
契約(けいやく)
계약
試案(しあん)
시안
配送(はいそう)
배송

のことについて聞(き)きたいことがあります。
에 대해서 묻고 싶은 것이 있습니다.

03

少(すこ)し
조금
少(すこ)しだけ
조금만
二三日(にさんにち)
23일
一週間(いっしゅうかん)
일주일
何日(なんにち)か
며칠간

締切(しめき)りを伸(の)ばして
いただけませんでしょうか。
마감을 연기해 주실 수 없으신지요.

04 約束(やくそく)の時間(じかん)を少(すこ)し
약속시간을 조금

| 早(はや)めて |
| 당겨 |
| 遅(おく)らせて |
| 늦춰 |
| 繰(く)り上(あ)げて |
| 앞당겨 |
| 引(ひ)き上(あ)げて |
| 늘려 |

いただけませんか。
주실 수 없습니까?

05 最近(さいきん)の
최근의

| 売(う)れ行(ゆ)き |
| 판매 추세 |
| 為替(かわせ)レート |
| 환율 |
| 注文(ちゅうもん) |
| 주문 |
| 見積(みつ)もり |
| 견적 |

はどうですか。
은(는) 어떻습니까?

06 さっき
아까

| サンプル |
| 샘플 |
| 製品(せいひん) |
| 제품 |
| 注文書(ちゅうもんしょ) |
| 주문서 |
| 契約書(けいやくしょ) |
| 계약서 |
| 見積書(みつもりしょ) |
| 견적서 |

をお送(おく)りいたしました。
을(를) 보내드렸습니다.

07

| これから |
| 앞으로 |
| これからも |
| 앞으로도 |
| こちらこそ |
| 저야말로 |
| 頑張(がんば)りますので、 |
| 노력하겠으니 |

どうぞよろしくお願(ねが)いします。
잘 부탁드립니다.

08 | あとで
나중에
明日(あした)
내일
来週(らいしゅう)
다음주에

お答(こた)えしてもよろしいですか。
대답해도 괜찮겠습니까?

09 | 二三日(にさんにち)のうちに、
2, 3일 내에
週末(しゅうまつ)までには、
주말까지는
一晩(ひとばん)ゆっくり考(かんが)えて
하룻밤 충분히 생각하고
検討(けんとう)して
검토하고

返事(へんじ)いたします。
답변 드리겠습니다.

10 | 少々(しょうしょう)
잠시만
ここで
여기에서
こちらの方(ほう)で
이쪽에서
しばらく
잠시만

お待(ま)ちください。
기다려주십시오.

11 | 分(わ)かりやすく
알기 쉽게
もう一度(いちど)
다시 한 번
どうか
제발
詳(くわ)しく
자세히
もっと詳(くわ)しく
좀더 자세히

説明(せつめい)してください。
설명해주세요.

12 今(いま)、ちょっと
지금 잠시

いいですか。
괜찮습니까?

よろしいですか。
괜찮으십니까?

いかがですか。
어떠십니까?

どうですか。
어떻습니까?

13 ちょっと
좀

お願(ねが)いし
부탁하고

お尋(たず)ねし
여쭤보고

聞(き)いていただき
여쭈어 보고

相談(そうだん)し
의논하고

申(もう)し上(あ)げ
말씀드리고

たいことがあるのですが。
싶은 것이 있는데요.

14 よく
잘

ちゃんと
똑바로

じっくり
곰곰이

じゅうぶん
충분히

まともに
제대로

真面目(まじめ)に
성실히

考(かんが)えてみたんですか。
생각해보았습니까?

15 あなた の提案(ていあん)を受(う)け入(い)れます。
당신
의 제안을 받아드리겠습니다.

貴社(きしゃ)
귀사

御社(おんしゃ)
귀사

社長(しゃちょう)
사장님

部長(ぶちょう)
부장님

16 分(わ)からなかったら、 いつでも連絡(れんらく)ください。
모르면
언제라도 연락해주세요.

質問(しつもん)がありましたら、
질문이 있으면

疑問点(ぎもんてん)がありましたら、
의문점이 있으면

問(と)い合(あ)わせがありましたら、
문의사항이 있으면

17 その件(けん)は 考慮中(こうりょちゅう) です。
그 건은
고려 중
입니다.

検討中(けんとうちゅう)
검토 중

考(かんが)え中(ちゅう)
생각 중

再検討中(さいけんとうちゅう)
재검토 중

18 もっと 時間(じかん) が必要(ひつよう)です。
좀더
시간
이 필요합니다.

話(はな)し合(あ)い
교섭

19 よく 考(かんが)えて | 決(き)めた | 方(ほう)がいいと思(おも)います。
잘 생각하고　정하는　편이 나을 것 같습니다.

| 決(き)めた |
| 정하는 |
| 進(すす)めた |
| 진행하는 |
| やった |
| 하는 |

20 では、そろそろ | 商談(しょうだん) | をまとめましょう。
그럼 슬슬　비즈니스 상담　을(를) 정리합시다.

| 商談(しょうだん) |
| 비즈니스 상담 |
| 話(はな)し合(あ)い |
| 협상 |
| 交渉(こうしょう) |
| 교섭 |

21 検討(けんとう) | の上(うえ)、お知(し)らせいたします。
검토한　후에 알려드리겠습니다.

| 検討(けんとう) |
| 검토한 |
| お調(しら)べ |
| 알아본 |

22 ぜひ、できる限(かぎ)りの | ご協力(きょうりょく) | をお願(ねが)いします。
부디 가능한 한　협력　을 부탁드립니다.

| ご協力(きょうりょく) |
| 협력 |
| ご助力(じょりょく) |
| 조력 |

23 田中(たなか)さんは | なかなかのやり手(て) | です。
다나까 씨는　상당한 수완가　입니다.

| なかなかのやり手(て) |
| 상당한 수완가 |
| バリバリ頑張(がんば)る人(ひと) |
| 열심히 노력하는 사람 |
| たいした人(ひと) |
| 대단한 사람이 |
| 将来性(しょうらいせい)のある人(ひと) |
| 장래성이 있는 사람 |

쇼핑과 장사하기

어서오세요의 いらっしゃいませ, 항상 감사합니다의 毎度ありがとうございます, 오래 기다렸습니다의 お待ち 遠さまでした는 주로 가게에서 쓰는 표현이니 다른 상황에서는 쓰지 않도록 유의하자. 점원에게 돈을 건네면 ~円お預かりしました라고 말하며 돈을 받고, ~円のお返しです라고 하면서 거스름돈을 건네준다. ~向けの 売り場는 ~를 대상으로 하는 상점이라는 의미이니 잘 익혀두어 필요할 때 유용하게 사용하도록 하자.

Basic Expression

594 一緒(いっしょ)にデパートへ行(い)きましょう。
함께 백화점에 갑시다.

595 大(おお)きいサイズはありますか。
큰 사이즈는 있습니까?

596 これより安(やす)いものはあるかしら。
이것보다 싼 것은 있을까.

597 これより大(おお)きいものはありませんか。
이것보다 큰 것은 없습니까?

598 もう少(すこ)し大(おお)きめのはありませんか。
좀 더 큼직한 것은 없습니까?

599 他(ほか)の物(もの)を見(み)せてください。
다른 것을 보여주세요.

600 品質(ひんしつ)はまあまあです。
품질은 그저 그렇습니다.

01 一緒(いっしょ)に
함께

デパート 백화점
コンビニ 편의점
スーパー 슈퍼
ショッピングセンター 쇼핑센터
ケーキ屋(や) 케이크가게

へ行(い)きましょう。
에 갑시다.

02

大(おお)きいサイズ 큰 사이즈
小(ちい)さいサイズ 작은 사이즈
他(ほか)のサイズ 다른 사이즈
痩(や)せて見(み)えるデザイン 말라 보이는 디자인
違(ちが)う色(いろ)のものは 다른 색은
ワンサイズ小(ちい)さいの 한 사이즈 작은 것

はありますか。
은(는) 있습니까?

03 これより
이것보다

安(やす)い 싼
小(ちい)さい 작은
地味(じみ)な 수수한
軽(かる)い 가벼운
新鮮(しんせん)な 신선한

ものはあるかしら。
것은 있을까.

04 これより 이것보다

大(おお)きい
큰

小(ちい)さい
작은

長(なが)い
긴

安(やす)い
싼

小型(こがた)の
작은

一回(ひとまわ)り大(おお)きい
한 단계 큰

もう少(すこ)し短(みじか)い
좀 더 짧은

ものはありませんか。
것은 없습니까?

05 もう少(すこ)し 좀 더

大(おお)きめの
큼직한 것

安(やす)いもの
좀더 싼 것

派手(はで)なもの
화려한 것

地味(じみ)なもの
수수한 것

丈夫(じょうぶ)なもの
튼튼한 것

はありませんか。
은 없습니까?

06 他(ほか)の物(もの)を
다른 것을

これをちょっと
이걸 좀

あれを
저걸

他(ほか)の色(いろ)を
다른 색을

見(み)せてください。
보여주세요

はまあまあです。
은(는) 그저 그렇습니다.

일본어 첫걸음

FL4U컨텐츠 지음

+ 일본어 초보자, 유학생, 여행객들의 필독서
+ 일상생활에서 활용도 높은 문장 엄선 수록
+ 초보자를 위한 한글 발음표기, 사전식 구성

원어민이 녹음한
mp3 CD포함

일상 일본어 회화사전

A Dictionary of
Japanese
Conversation

**Basic & Essential
Japanese Conversation
Dictionary**

포켓용 일본어회화사전의 결정판

Vol. 1 일상 일본어회화(日常日本語会話)
Part 1 기본 회화(基本会話) **Part 2** 일상 회화(日常会話)
Part 3 여행 회화(旅行会話) **Part 4** 비즈니스 회화(ビジネス会話)

Vol. 2 실용 일본어회화(実用日本語会話)
Part 1 대화 표현(対話表現) **Part 2** 의견 표현(意見表現)